佐賀新聞社

葉隠の深層

―続・『『葉隠』の研究』―

種村 完司

目次

家老・年寄役の思想と言行（その二） 22

家老・年寄役の思想と言行（その三）　40

『葉隠』の中のコミュニケーション思想（その二）　96

『葉隠の深層』の出版にあたって

私は、6年前に前著『『葉隠』の研究─思想の分析、評価と批判─』(九州大学出版会)を刊行し、世の中に問うた。この本が全体としてめざしたのは、そもそも『葉隠』という書物が何を訴えようとしていたか、どういう時代的・歴史的意義(および限界)をもっていたか、多くの研究者や識者にどのように称賛されまた批判されているか、そして最終的には、われわれが生きる今日の日本社会において、この書をどういうふうに受容し評価したらよいか、などを明らかにすることだった。

日本では、いぜんとして武士道ないし侍の思想・生き方にたいする憧憬《どうけい》や共感、ときには敬服の情を示す人々が少なくない。どうしてそうなのか。その理由や根拠に迫り、それを私なりに解き明かしたい、という願いもあった。とはいえ、武士道を代表する著作と言われてきた『葉隠』については、みなが納得する一定の評価が提示され、確立しているわけではない。それは、今なお多くの論者による毀誉褒貶《きよほうへん》にさらされており、それが語っている内容以上に過大に評価されたり、過剰に非難されたりしている。私に言わせれば、多くの批評は、「葉隠礼賛」と「葉隠全否定」のあいだで揺れ動き、安定した地点に行きつかずに流浪してきた。

そうした混迷状況への反省から、また少しでもそれを打開したいという思いから、私が自らの研究プロセスでとった基本的な研究態度は、この書物を江戸時代中期に成立した「歴史的文書」―佐賀の一地方武士による人生目標、彼がめざす侍の倫理・価値観、公的および私的生活上の喜怒哀楽を正直に告白した文書―としてとり扱い、葉隠聞書の記述に即して、できるだけ先入観をまじえず丁寧に読解し、冷静かつ公正に評価することであった。

それにしても、『葉隠』はじつに多面的な顔をもっている。戦乱の時代から泰平の時代への移行期を映し出した書物である、という過渡期性《かとき》（葉隠じたいの成立は太平の世の１７１６年だったにせよ）が、その多面的性格の源泉だといっていい。波乱の歴史をたどりつつ、戦乱期の武士の姿と泰平期の武士の姿が、時には截然《せつぜん》と区別されて、また時には不分明なままに重ねて語られたりする。戦士的武士への期待が文官的武士への期待としても表明され叙述される。

『葉隠』の中には、冒頭の「武士道とは死ぬことと見つけたり」という文をはじめとして、「死の覚悟」を重視し、切迫した状況下での勇気ある決断・行動を強調する言葉が多い。戦場でおのが命を賭けねばならなかった武士たちにとっては、それは避けがたい、いやむしろ必要な人生態度であった。ただし、この書の中の凛々《りり》しく激情的かつ魅力的な言葉に惹《ひ》かれて、そこにもっぱら時代を超えた普遍性や必然性をとらえようとするのは、危険であり、正しくもない。

改めて言えば、『葉隠』は、やはり徳川幕藩体制下の江戸中葉期に成立した書物である。武士業の基本も、戦場での血なまぐさい戦士の生業《なりわい》から、文官的武士に特有のお城勤めの奉公へと大きく転換しつつあった。口述者山本常朝も、時代の変化にたいして敏感にかつ誠実に反応しており、城勤めや家職の実現という新たな武士業に『葉隠』の重点を移していることを、読む者は心得ていなければならない。

6年前の拙著では、『葉隠』礼賛も、『葉隠』全否定も、私の支持する見解ではないこと、その両極の立場は、葉隠の真実から遠ざかってしまうことを、くりかえし強調した。この考えは、本書でもそのまま引き継がれている。

前著では、葉隠武士道の特徴―主要な主張だけでなく対立し矛盾しあう諸側面―をいろいろな角度や観点から述べた。戦士的武士にも文官的武士にも共通する不断の「死の覚悟」、大事の場での直情的かつ攻撃的な言動や生き方、受けた恥辱に反撃する決起の精神や一言《いちごん》の大切さ、などがそうである。また、主君に対する家臣の没我的服従、長期にわたる辛抱づよい(諌言・上申をふくむ)奉公や家職の遂行、だが他面では、しばしばそれを踏みやぶる家臣の自主性・自律性の発揮、などもそうであった。

しかし前著では、これらの詳細を、佐賀・鍋島藩の組織や人事に深くたちいり、それと関係づけて具体的に考察することは少なかった。とりわけ、鍋島の御家や歴代の主君を献身的に支えた個性的な家老や年寄役の言行のうちにこそ、葉隠武士道の真髄が結実していたのだが、当時の私の研究は、まだそこにまで十分至っていなかった。

数々のすぐれた家老・年寄役が発揮した、先見の明のある、リアルな言行や事例をふまえなくては、葉隠武士道の真相を把握することはできない。その課題をはたしてこそ、「葉隠の深層」への探究および解明に値するといえるのではないか。これが、本書執筆前の、焦《あせ》りにも似た偽らざる私の思いであった。

もう一つ、残された課題があった。佐賀という藩組織や藩社会の内部では、主君―家臣の間、重臣―藩士の間、さらに同僚の藩士どうしの間で、大小の事件をきっかけに、じつにさまざまな注目すべき意思疎通・相談・協議がくり広げられてきた。侍たちの生活や思想の鏡といってよいそれらの言動はいったいどういうものだったか、を問い、その実態や真相に迫る、という課題である。私がなぜこの課題を重視するかといえば、葉隠聞書《ききがき》の諸処に登場する各種の相談・協議（今日的にはコミュニケーション的行為）のうちに、封建制度や封建倫理を踏み越えるだけの、新しい時代の萌芽を感じさせるような近代性・民主性の論理が成立しているからである。

「熟談」「衆議」「談合」「僉議《せんぎ》」等々、いろいろな言葉でもって呼ばれているが、それらは、一見保守的な葉隠武士道の中に浸潤・潜在している、他に見られない豊かな内実を成している。その貴重な価値に気づけば、その時代的な意味や先駆的な精神を探求し、それに光を当てることこそ、思想史研究者のきわめて重要な学問的責務ではないか、と私は思う。

このように本書は、前著ではまだ未展開で未成熟だった二つの主な課題をいっそう前進させることによって、自らの研究を「葉隠の表層」から「葉隠の深層」へと掘り下げ、これまで見過ごされてきた『葉隠』という書のもつ稀有《けう》の真価を発見しようと試みたものである。（なお付言すれば、かぎかっこ付きの『葉隠』という語は、特定の書物を言い表わしており、かぎかっこの無い葉隠という語は、葉隠の思想、葉隠の武士道などを含む、やや広い意味をもつ言葉として使用されている。）

10月30日

著者記す

第一章　家老・年寄役の思想と言行

家老・年寄役の思想と言行（その一）

一　はじめに

『葉隠』は、徳川幕藩体制下での武士道と奉公人道の新しいあり方を模索し提示した書物であるが、戦国時代後期から江戸時代中葉期にかけて活躍した、鍋島直茂、勝茂、光茂など歴代主君たちに関する類書を見ないすぐれた言行録ともなっている。読む者はそこから、佐賀の地で発揮された堂々たる人間性あふれる彼らの統治理念・政治姿勢、雄々しい武士気質を学ぶことができる。他方で『葉隠』は、歴代藩主に仕え、彼らを支えつづけた家老衆や年寄役の面々が、どんな態度で、どんな思いでどのように行為したかを、われわれに生き生きと教えてくれる貴重な歴史的文書でもある。

口述者山本常朝はじめ佐賀藩士たちが伝統的に尊崇していた直茂、勝茂、光茂らがくり返し登場するのは当然だとしても、それにひけをとらないほど、家老・年寄役の登場回数が多いのも『葉隠』の特徴である。中野内匠《たくみ》（茂利）、中野数馬（政利）、相良求馬（及真《ちかざね》）、中野将監《しょうげん》（正包《まさかね》）、中野数馬（利明）といった面々が、その代表として挙げられよう。だとしても、常朝は、家老や年寄の地位にある者たちの言動に、なぜそれほどまで注目し、彼らを積極的に取り上げたのであろうか。

私は、つぎの諸点をあげることができると思う。

まず第一に、容易に予想がつくことだが、彼らがじっさい注目に値するだけの有意義な仕事をなし、時代に即した価値ある思想や行動を世間に示してきたからである。

安土桃山時代の織田―豊臣政権から江戸時代の徳川政権への移行にともなって、全国各地の戦国大名がそれぞれの領国で、いわば「近世的家産官僚制」を特色とする集権的な藩組織を形成し、その藩内部では、藩主を筆頭とする武士団の封建的な上意下達的秩序が構築された。幕藩体制下では、藩替え・領地替えもしばしば発生し、家督の相続をめぐるトラブルにも事欠かなかった。それゆえ、主君への絶対的忠誠を堅持し（必要に応じて諫言《かんげん》・上申をしつつ）、しかも家臣団を巧妙に統御する重臣層（佐賀では、家老や年寄）の役割は、前代と比べものにならないほど重要なものになった。家老・年寄が譜代の臣から選ばれようと、他国者から抜擢《ばってき》されようと、ともかくきわめて有能なかつ高い見識をそなえた者でなければならなかったのである。

佐賀藩は（他の藩もそうであったろうが）、対幕府との関係でも、藩内の領民との関係でも、武士層内部でも、軋轢《あつれき》や対立が生まれる危険をたえずかかえていた。それだけに、さまざまな重大危機に敢然とかつ的確に対処できるとともに、そうした政治的・経済的危機を醸成しないだけの堅実な藩経営を日常的におこないうる家老や年寄たちの存在が不可欠であった。このあと本論の叙述で紹介する佐賀藩の家老・年寄たちの有能さとその仕事ぶりには、たしかに刮目《かつもく》すべきものがあったのである。

第二に、家老や年寄にたいする常朝の尋常ではない注目ぶりには、常朝自身の人生目的や個人的経歴が深くかかわっている。

常朝は、その人生の大半を藩主光茂の御側役《おそばやく》として務めあげたが、その経歴の途上、元服後、御書物役手伝いのとき、光茂の機嫌をそこなって役を外されたことがあった。一時期大いに気を落とし、なすこともなく悶々《もんもん》として毎日を過ごしていたが、やがて請役所《うけ》に呼び出されて、再び出仕がかなう。こうした落伍と復活の体験をふまえて、常朝は次のように考えぬき、結論を出したというのである。有名な「奉公名利《みょうり》」思想の誕生である。『葉隠』に関心のある人なら、きっといくども目にしている文章で、今さらの感をもたれるだろうが、重要な箇所なので、あえてここに引用してみる。

「この上は小身者とて押し下さるるは無念に候。何としたらば心よく奉公仕るべきかと、昼夜工夫し申し候。毎夜、五郎左衛門咄《はなし》を承りに参り候に、古老の咄に、「名利を思ふは奉公人にあらず、名利を思はざるも奉公人にあらず」と申し伝へ候。このあたり工夫申し候様にと申し候故、いよいよ工夫一篇になり、不図《ふと》得心申し候。奉公の至極の忠節は、主に諫言して国家を治むる事なり。下の方にぐどつき廻りては益《やく》に立たず。然れば家老になるが奉公の至極なり。私の名利を思はず、奉公名利を思ふ事ぞと、篤《とく》と胸に落ち、さらば一度御家老になりて見すべしと、覚悟を極《き》め申し候」（聞書二・140）

［こうなったからには、小身者と他人から見下されるようでは無念である。どうすれば気持ちよく奉公できるだろうかと、昼も夜も考えつづけていた。そのころ、毎晩、山本五郎左衛門の話を聞きに出かけていたが、あるとき「古老の話に、〈名誉や利益ばかりを考えるのは奉公人とはいえぬ。だが、それらをまったく考えないのも奉公人とはいえない〉という申し伝えがある。このあたりのことを十分に考えてみるように」と言われたので、ますます考えに考えたあげく、ふと次のように得心することができた。奉公における最上の忠節は、主君に諫言して国家を治めることである。下の地位でぐずぐずしていては役に立つことがない。であれば家老になるのが奉公の極致である。自己自身のための名利を思わず、奉公のための名利を思うことだ、と大いに納得し、そうであれば一度は家老になってみせようと、覚悟を決めたのである］

御側役として常朝がなしうる、御国（＝藩）への最上の奉公は、主君に諫言し、堅固な御国統治を実現し維持することであった。だが、諫言はだれでもなしうることではない。他藩と同じように佐賀藩でも、家老衆や年寄役のみに許された特別な行為であった。だとすれば、最も価値ある真の奉公を遂行するには、家老（ないし年寄）になるしかない。家老への出世は、たしかに表面的には常朝自身の私的名利追求の宣言であろう。しかし、彼は、その根底に公的名利をすえ、周囲の誤解をも覚悟しつつ、家老職の獲得をおのが人生目的としたのである（しかし結果は、周知のとおり、光茂の死去によって出家・隠棲《いんせい》の道を選び、その目的実現を断念せざるをえなくなったが）。

この「奉公名利」の見地から家老職をめざした常朝にとって、藩の中で遠くからあるいは近くから観察された家老や年寄役の重臣たちは（文書や伝承で知りえた過去の家老・年寄たちも）、つねに他山の石というべき存在であり、ときには格好《かっこう》の反面教師にもなったのではあるまいか。「今まさに、殿には……という主旨の諫言が必要だ」「自分が家老であれば、……といった施策を提起し遂行するものを」「誰々がとった……という態度こそ、わが藩の家老にふさわしい（あるいは不適切である）」など、家老たちの言行を見聞しつつ、それらに対して逐一《ちくいつ》彼なりの批判的または好意的な評価を下していたのでは、と推測される。将来自分が家老の地位に就いたとき、重大な危機にさいしてどう判断しどう行動するか、家臣団をどう統率し藩をどう運営するか、の参考とするために、である。『葉隠』を読めば、当時の家老・年寄に言及しているとき、在職時の常朝がまさにこうした緊張感あふれる精神をもって鋭く彼らを観察しつづけていた（過去の家老・年寄に対しても、実践的な観点で是非の評価を下していた）にちがいない、と私は考えている。

『葉隠』の中に登場する数多くの家老・年寄の人々は、その時々に印象深いすぐれた言行を示しているが、同時にそれは、彼らが個性的でかつ魅力的な人物であったことの証拠である。それとともに、家老や年寄の職にある者として、かなり共通した性格や価値観の持ち主であったことにも、注意が必要だ。家老・年寄たちすべてが、こうした「独自性」と「共通性」という二重性格をもっている。その二重性格は、彼らの地位・家職や、彼らが生きたその時代によって影響され制約されていたことを、見逃してはなるまい。

こうした観点をしっかり意識しながら、以下、常朝によって取り上げられた佐賀藩の家老・年寄たち、および彼らの言行の歴史的倫理的な意義を、いくつかの側面から吟味していくことにしよう。

二 「諫言の極意」とは
― 諫言の達人としての家老

常朝が家老になることをめざした第一の理由が、御国を治め最高の奉公をするためにも、主君への諫言が最も重要であり、かつまた家老（ないし年寄）だけがその諫言の資格と権限をもちうるからだ、ということはすでに述べた。

藩内の特定の武士にしか認められていない、まさしく奉公の白眉《はくび》といってよいこの「諫言」なるものは、それだけに時宜をわきまえた、過失の許されない、きわめて難しい行為であった。常朝もそれを十二分に知っていて、殿に対するあるべき諫言について、くり返しその内実を説明している。

「総じてその位に至らずして諫言するは却って不忠なり。誠の志ならば、我が存じ寄りたる事を似合ひたる人に潜かに内談して、その人の思ひ寄りにさせて云へば、その事調《ととの》はるなり。これ忠節なり」（聞書一・43）

〔概して諫言できる職位に達していないのに諫言をするのは、かえって不忠である。誠の志をもつ者であれば、自分が考えついたことを諫言するにふさわしい地位の人に内々に相談して、その人の考えついたようにして主君に申し上げれば、そのことはうまくいく。これこそ忠節というものである〕

まずは、諫言できる職位と諫言できない職位との区分を遵守《じゅんしゅ》しなければならない。諫言できない職位からする直訴《じきそ》は、まったき不忠と断罪される。だが、下からの意見具申がまったく排斥されるわけではない。自分が考えついたことを諫言の資格をもつ地位の人物に伝え、その回路をつうじて、その地位の人の意見として殿に上申してもらうことは十分可能だからである。

上意下達の厳格な藩秩序内部でも、たどるべき階梯《かいてい》を無視さえしなければ、下からの意見の吸い上げ方式がそれなりに機能していた、ということであろう。

「諫言の仕様が第一なり。何もかも御揃ひなされ候にと存じ候て申し上げ候へば、御用ひなされず、却って害になるなり。（中略）諫言意見は和の道、熟談にてなければ用に立たず。屹《きっ》と仕《つかま》つたる申し分などにては当り合ひになりて、安き事も直らぬものなり」（聞書一・153）

［諫言はその仕方が最も大事である。なにもかも無欠の主君であられるようにと思って申し上げれば、取り上げられず、かえって害になるものである。（中略）諫言や意見は和を求める道であり、じっくり話し合うのでなければ用をなさない。厳格な申し上げ方などでは言い合いになって、簡単なことでも直らないものである］

諫言の中身がすぐれたものであっても、それが殿の心に届かなければ意味はない。殿に受け容れてもらうためには、大いに配慮・工夫が必要であって、上申するさいの言い方や言葉がとても大切になる。主君への諫言は、一方的な訴えや「屹と仕つたる申し分」（＝きつく堅苦しい申し上げ方）では「当り合い」（＝口論）になり、易しいことでも是正されぬままになってしまうからである。

文章の半ばに出てくる「諫言意見は和の道、熟談にてなければ用に立たず」という表現に私はとくに注目したい。諫言するにせよ、意見具申をするにせよ、双方の一致・調和が大切なのであり、そのためにも「熟談」（＝十分な話し合い）が提唱されているのである。

「大方諫言と申すには、佞臣《ねいしん》が我が手柄立てか、又後見などありてする事なり。忠義の諫言と申すは、よく御請けなさる筋を以て、潜かに申し上ぐるものなり。若し御請けなされざる時は、いよいよ隠し候て我が身はいよいよ御味方になりて、御名の立たざる様に仕るものに候」（聞書一・113）

［たいがい諌言というのは殿にへつらう家臣が自分の手柄を立てるためにするものか、また、後見人などがあってすることである。忠義の諌言というのは、殿がよく受諾されるような道筋を経て、内々に申し上げるものである。もし殿がお聞き入れなされない時は、いよいよ隠して自分自身はますます殿のお味方になり、ご評判が立たないようにするものなのである］

ここでは「忠義の諌言」の本質が、簡潔かつ的確に説かれている。それは、阿《おもね》り上手の家臣が自分の手柄を考え、人の後押しを得ておこなう進言とはまったく違う。殿が受けいれてくださる有効な筋道をふまえ、ごく内々に上申すべきものであり、もし殿に聞き入れてもらえぬときには、いっそう自分は隠れて殿の味方になりつづけ、殿の悪い評判が立たないよう努力することだ、と。あくまで「内々の上申」であること、受諾されない場合にも「主君の味方でありつづける」こと、主君の「悪評を立たせない」こと、などがその真髄といってよい。

意見具申の本人はけっして表に出るべきではないことが強調されている。徹頭徹尾、自分を隠しての奉公、つまり「隠し奉公」の唱道である。そして、こういう要素を基本的に含むものこそ、「誠の志《こころざし》の諌言」「忠義の諌言」と常朝は呼んだのである。

以上、常朝が強調したあるべき「諌言」の方法・態度についてやや詳しく説明したが、まさにこうした諌言の極意を体現していたのが、佐賀藩の歴代家老・年寄であった、ということを私は指摘したい。言い換えると、家老・年寄たちは、諌言の達人であったのであり、裏を返せば、諌言の達人でなければ、家老・年寄の仕事は務まらなかった、と言ってもよいと思われる。

三　中野将監の諌言論

佐賀藩での「諌言」を語るとき、私がまず最初に取り上げたい事例は、中野将監《なかのしょうげん》（正包《まさかね》）のそれである。『葉隠』第五（聞書四六）には、有名な「三家不熟《さんけふじゅく》」（＝本藩と三支藩との不和）問題がかなり詳しく記述されている。この問題の発生にさいして、当時年寄役だった将監がとった言動は、諫言とはどうあるべきかを教える、まことに見事な範例であった。

（一）「光茂―将監の対談」から見えてくるもの

佐賀には、本藩とともに小城《おぎ》・蓮池《はすのいけ》・鹿島《かしま》の３支藩があり、当時幕府から３人の支藩主に諸役が命ぜられ、献上物などについても、通常の大名と同格の扱いがされるようになった。部屋住みの身分で江戸に在住していた綱茂は、それを聞いて本家と分家の格式が狂ってしまうとの考えを国元へ伝え、そのため、光茂公から３人の支藩主に異議の念が示されたのであった。しかし、３者からは納得できないとの返答があり、ひじょうに深刻な不和の事態になった。家老たちが集まって昼も夜も議論をしつづけたが、結局どうすることもできなかった。このとき、中野将監がただ一人、殿の前に進み出て、まさしく「忠義の諫言」をしたのである。

将監による諫言の主旨はこうである。

『自分は、殿のご好意をうけてこれまで奉公してきた者であり、わが子たちも知行をいただいてきた。親子の道からして、自分より子どもたちに知行を下され、彼らがご好意をえて召し使われる方が特別にありがたい。３人の支藩主に思いをいたすと、幕府の御三家や他藩での知行分与とは異なって、勝茂公のお子さまたちが幕府の御用を務めることであるから、殿（光茂さま）も、お３人をいつまでも勝茂公の大切なお子さまと見なし、実子綱茂さまと同様のご処遇を考えられてはどうか。そうであれば、幕府の覚えがよいほど、殿にもそれは喜ばしいことであり、幕府の覚えがよいことは、むしろ御家のご威光となる。お３人が幕府の覚えのよいことを（殿が）ご立腹なされるから、彼らも無情なことだと憤り、互いに悪口の言い合いになっている。

勝茂公の時代までは、支藩の家中の者は御前に進むことができ、年始や祝事のとき丁重に扱われたが、近年は差別扱いをされるので、不愉快に感じて佐賀を立ち退《の》いてしまう。こうして支藩主たちにも憤りの気持ちが生まれている。してみると、不条理はこちらから始まったことであるから、殿は、加賀守(直能《なおよし》)さまをお呼びになり、直接にお会いになって『私が不調法《ぶちょうほう》なことをして申し訳ないことであった。若い者どもの言い分に年寄どもも同調し、双方で悪口を言い合い、言語道断の事態になったが、これは、わが1人の不調法である。たしかに過ちがわかった。このうえは、3人を綱茂と同様に考え、一致調和して、国家の存続への協力を頼み申したい』とお話しになるべきだ」

光茂は、将監のこの諫言を聞いて納得し、「尤も至極、我等《ら》誤りにて候」と応じ、さっそく小城に使いを出すように命じたのであった。その後、光茂は登城した加賀守に「頃日《けいじつ》より3人に対し何かとむつかしき取合出来、今に相済まずと承り候。よくよく料簡《りょうけん》申し候処、畢竟《ひっきょう》我等実に誤り候」（この間から3人の者に対しなにかと厄介な争いが起こり、いまだに決着がつかないと聞いている。よくよく考えてみたところ、結局私がまちがっていたようだ）と語りかけ、それを聞いた加賀守は、感激のあまり涙を流して、光茂の謝罪を受け入れると同時に、自分の非も認め、佐賀藩長久のため互いに固い約束を交わしたのだった。

光茂と中野将監との以上のやりとりは、われわれに多くのことを示唆している。

将監が筋をとおして諄々《じゅんじゅん》と説いていく叙述からは、まさに小説を読んでいるような流れや条理を感じさせる。後にこの話を伝え聞いて口述した常朝によって、『葉隠』ではかなり整理され一貫性をもたされて、紹介されているのではないか、また、じっさいは、両者の間でかなり凹凸のあるとげとげしい問答が交わされたのではないか、とも推測される。とはいえ、将監のこの苦心の諫言を、光茂は受け入れ、得心し、事態打開にかじを切ったのである。

将監の意見具申は、藩の年寄役という一組織人として、御家存続の大目的のために、主観的感情に固執していた主君の基本姿勢を改めさせた。しかも、３人の支藩主たちを嫡子《ちゃくし》綱茂と同様に、我が子のように思いなして処遇し付き合う、という情愛の論理をベースにしたことが興味深い。ここには合理主義的な組織論と情的な人間関係論との融合が見られるからである。

私は、『葉隠』のこの箇所を読むたびに、将監の諫言のすばらしさ、彼の情熱的意志の強靭《きょうじん》さにいつも感激する。と同時に、聞書の中で浮かび上がる藩主光茂の寛大さや柔軟さをも高く評価したいと思う。やはり本藩と支藩とでは御家の「格」は違うのであり、封建制を基盤とする階級社会では、本藩と支藩が幕府によって同等に扱われることに、光茂や綱茂が疑義・不満を抱いたのはけっして不当とはいえない。それでもなお、光茂は持論を変えた。光茂の豊かな自省能力と大きな度量が、将監によって提示された「誠の志の諫言」の受容を可能にさせたのである。

（二）中野将監の諫言行為の新境地

もう一つ、つけ加えたいことがある。前にとり上げた「諫言意見は和の道、熟談にてなければ用に立たず」という主張にかかわってのことである。

結論からいうと、光茂―将監対談は、一方的な上申などではなく、まさに「熟談《じゅくだん》」だったと考えられる、ということである。すなわち、将監が滔々《とうとう》と一途《いちず》に自分の意見を開陳し、それをひたすら聞いていた光茂が最後に「あい分かった」の返答をした、という（時代劇映画風の）単純な構図ではなかったのでは、と私は考えている。

この箇所の聞書の内容をみてみると、佐賀藩における家臣への知行分与と相続、佐賀本藩と支藩との関係の特殊性、幕府と3支藩との関係および支藩が担う諸役、家臣の処遇をめぐる勝茂公時代と光茂公時代との相違、3支藩の家臣たちの忠誠感情の変化など、さまざまな事柄に言及されており、これらの問題や情勢について、光茂と将監とが初めから一致した認識をもっていたとは考えがたい。対談の中で、おそらくくい違いや対立が生まれ、問答をつうじて各々の疑義を正し、互いの意見の調整をおこない、最終的に合意が形成されて、加賀守に語った「よくよく料簡申し候処、畢竟我等実に誤り候」という光茂の苦渋の結論が生み出された、というのが真実ではあるまいか。両者は、腹を割って、誠実にかつ熱っぽく熟談をおこない、ついに見解の一致に至り、それをもとに重大な危機の打開へと歩みをすすめた、とみるべきであろう。

両者の熟談をつうじて浮かびあがる、もう一つの側面がある。

主君と家臣との関係は、封建制の下では、けっして覆されてはならぬ厳格な上下の関係である。だが、諫言が重視される場面では、おのずと家臣の自律性・主体性が発揮されざるをえないし、じっさい発揮されてきた。下は上を超えてはならないが、熟談の中では、「対等・平等性」が部分的に姿を現わす。一時的にせよ（ときには御家の重大事に）この対等・平等性を許容する主君こそ、その寛大さによって、家臣たちから尊敬・信頼を受けることも可能であろう。

封建的な位階制社会は、すべてが上意下達のシステムによって個々人をがんじがらめに束縛していたかのように思われやすい。しかし、藩の施策の合理性・有効性を獲得するために、家臣の自律性や主―従の対等・平等性を必要に応じて保証せざるをえなかった、ということも見逃してはならないであろう。

ところで、中野将監の諫言行為についての記述をここで終わりにするとすれば、それは将監に対してははなはだしく礼を失することになるだろう。忠義の諫言は、方法だけでなく態度をも含んでいる、と先に述べたが、諫言したからといって自分を誇らず、内密を貫いてあくまで主君の非を露呈させせない謙譲・自重の態度が根本でなければならなかった。

将監の態度はまさにそれであった。光茂への意見具申のあと、聞書にはこうある。

「この事御前《ごぜん》へ申し上げ候段、将監終《つい》に他言仕らず、偏《ひとえ》に御前の思召寄に仕成し申し候。実に忠臣の心入れにて候。この儀常朝へ密談の由、正徳三年十二月七日安住《あんじゅう》にて潜かに物語承り候」（聞書五・46）

将監は、光茂との対談内容を周囲にいっさい語らなかった。しかも、自分の提案は主君自身が考えついたものだ、と取りはからったというのである。常朝もこれこそ「忠臣の心入れ」と感服しているが、たしかにそこには類例のない「隠し奉公」態度の徹底性が見られる。

尤《もっと》も、常朝にだけは安住という地で密かに語ったとあり、完璧な秘密ではなかったことがわかるが、常朝が将監にそれだけ信頼されていたことの証であろう。

また、この件が光茂没後、葉隠聞書の中だけで記述されたことを思えば、光茂に被害が及んだわけではなく、将監の隠し奉公論の言行不一致を非難することも、当を得てはいないと思われる。

以上の「隠し奉公」を真髄とする将監流の没我的実践の延長上に、あまりにも有名な次の「諫言」論が登場するのであり、それを聞く者は、彼の徹底性に深い共感と得心を禁じえないこととなる。

「将監常々申し候は、諫《かん》と言ふ詞《ことば》、はや私《わたくし》なり。諫はなきものなりと申し候。一生御意見申し上げたるを知りたる人なし。又一度も理詰にて申し上げたる事なし。潜かに御納得なされ候様に申し上げ候由」（聞書二・128）

〔中野将監は常々「諫という言葉はすでに私的なものである。そもそも諫ということはないものなのだ」と言っておられた。将監は一生の中で殿に数々のご意見を申し上げたが、それを知っている人はいない。また、一度も理詰めで申し上げたことはなかった。ひそかにご納得なされるように申し上げたということである」

一般に主君への諫言行為は、諫言する主体の理知性や決断力を周囲に目立たせる結果となる。当人の手柄にはなるであろうが、反面、主君の非を露わにし、主君に恥をかかせることも少なくない。こうした諫言行為は「器量の奉公人、智慧深く御意見など申す人」（聞書五・46）〔器量にすぐれた奉公人で、智恵が深く御意見をよく申し上げる人〕などに数多く見られるものだが、こんな諫言には、「誠の志」も「真の忠義性」もない、と将監は考えている。まぎれもなく「オレが、オレが」の功名心が前面に出ているからである。将監が譜代の家臣に求めたものは、ここでも、「殿が受け容れやすい内々の上申」であり、外に漏らして「殿の悪評を立たせないこと」であり、たとえ受諾されなくとも「殿の味方になりつづけること」、これであった。〔1〕

註〔1〕隠し奉公の典型ともいうべき、配慮と没我性に満ちた諫言行為をうたった中野将監であったが、よく知られているように、元禄2年に切腹を仰せつけられてこの世を去っている。
栗原荒野氏の『校註 葉隠』には、「君徳壅蔽《ようへい》の廉《かど》で罪を得(て)」と記されているが、浅学のため、私はその真の理由や歴史的背景をいまだ把握できていない。将監にじっさい自らの言を裏切るような重大な過失があったのであろうか、それとも、なんらかの讒言《ざんげん》のゆえであったり、まったくの濡《ぬ》れ衣《ぎぬ》だったのであろうか。どなたか、この件に関する資料ないし文献をご存じであれば、お教えいただきたい。

〔追記〕福永弘之氏への応答―「義祭同盟」と『葉隠』

『葉隠研究』誌第86号に、兵庫県立大学名誉教授福永弘之氏の、拙著『『葉隠』の研究』に対する書評が掲載されている。氏は、「ひろい読み」と題しながらも、拙著の論述の多くの重要部分をとり上げ、私（種村）の主張したい『葉隠』の諸側面や根幹をていねいに分析かつ整理され、わかりやすく紹介してくださっている。読みやすいとはいえない拙著に忍耐づよく付き合ってくださった氏のご苦労と誠意あふれるご批評に、この場を借りて厚くお礼申しあげたい。

書評の中で言及された「義祭《ぎさい》同盟」については、たしかに私自身、この団体の名前を知っていただけで、この活動の中身、歴史的意義など、恥ずかしながらまったく無理解であった。氏の指摘をうけて、『佐賀県史』を借りて読み、『佐賀県近世史料』第八編第一～第三巻に目を通してみた。まだまだ表面的な理解の段階でしかないが、ある程度の知識は身につけることができた。まずは、こうした刺激と機会を与えてくださった福永氏に感謝したい。

幕末の佐賀藩では、義祭同盟に属する若き武士たちによって重要な改革提案がなされ、結果的に挫折したとはいえ、藩内に黙過できない改革の動きが作り出されていたのを、私は知ることができた。それに比して、葉隠の影響はかなり限定的だったことも。「直正のときの（葉隠）読書会は、倒幕・佐幕で国論・藩論が二分する中、佐賀藩ファーストの『葉隠』で一体感を醸成するほかなかったからである。武士道の継承などといった高尚なものではなかった。藩維持のための窮余の一策に過ぎなかった」という福永氏の指摘には、なるほど一定の妥当性があるように思われる。

しかし、そのすぐあとで氏が書かれた「その上『葉隠』が目の仇《かたき》にした「楠木」の楠公精神が義祭同盟を通じて潜行していたことが『葉隠』が浸透していなかった何よりの証拠である」という記述については、私はかなり違和感をいだかざるをえなかった。氏は、『葉隠』と楠公精神とを対立させておられるが、「夜陰の閑談」では、ただ楠木や武田が当家の家風に合わないとだけ言っているのであって、目の仇にしているわけではない。

『佐賀県近世史料』第八編第二巻の中で明らかなように、光茂公の時代（寛文2年）に、「楠祠《なんし》の記」の中で楠木正成《くすのきまさしげ》・正行《まさつら》の功績が称えられ、彼らの忠孝精神を引き継ぐべきことが謳《うた》われており、佐賀藩では当時から楠公思想の受容と継承が始まっていることがわかる。この取り組みの賛同者には、2代藩主光茂を筆頭に、3人の支藩主や家老・年寄役など藩内の重鎮やお歴々衆が名を連ね、総勢207人に上っている。この時から始まっている、と言ったが、その理由は、「楠祠の記」の叙述のなかに、「……さばかりの名将の為、寺をも建(て)ず堂をも作らず、誦経《ずきょう》・念仏する人もなく、空しく300余年をも送る、浅ましきにはあらずや」という文が見られるからである。まことの忠孝を発揮して戦死した楠木父子が300年以上も無視され放置されてきた事実を深く反省し、彼らの遺徳をしのび、忠孝精神を盛んならしめんがために、霊像をつくり、寺や堂をも建てん、と誓っていることが知られる。

山本常朝は、当時まだ4歳で、出仕もしていなかった。光茂の御側勤めは9歳から始まる。文治主義を推進し、忠孝精神を重視する光茂の影響のもとで、お側奉公をつづけていたのであるから、「楠祠の記」のことを知っていたのでは、と推測される。たとえ知らなかったとしても、楠公を崇拝する主君光茂と別の道を歩んで、楠公精神と敵対する思想形成をしたとは考えられない。

もう一つ、福永氏の主張に対して大きな疑問がある。義祭同盟に属した若き武士たちが、『葉隠』ないし葉隠武士道とはまったく無縁ないし没交渉であったかのような理解が見られるからである。

『佐賀県近世史料』第八編第一巻には、600数十ページにおよぶ「葉隠聞書校補」なる史料が綴《と》じられている。第一巻の「解題」で小宮睦之氏が指摘しているように、この葉隠校補の作成をすすめた人物は、義祭同盟を主導した枝吉神陽《えだよししんよう》であった。葉隠校補の特徴は、人物の考証が中心となっており、とくに各家々の系譜や履歴が詳細に叙述され、葉隠人物辞典的な色合いが濃厚だ、との評価がくだされている。「葉隠会読において理解を助けるために編集された」という識者の意見があるが、これはひじょうに傾聴に値するものと思う。

枝吉神陽は、それほどまでに『葉隠』の内容に通じていたのであり、葉隠思想に傾倒し、その思想の修得・体現に命をかけていたと、みることができよう。彼はたしかに楠公精神に立つ「日本一君論」者であったろうが、あえてそれを葉隠思想と対立させていたわけではない。たしかに前者は天皇ないし皇室を、後者は藩主ないし御家を最高の忠誠対象としていた、という違いはあるが、両思想は、それ以外では、枝吉の中でとくに矛盾なく併存していたのであり、あるいは融合していたと捉えるほうが適切だと思われる。

これは枝吉だけではなかった。『米欧回覧実記』を著わした久米邦武《くめくにたけ》にも当てはまる。『佐賀県近世史料』第八編第二巻には、『葉隠』の中の重要部分を抽出して評注を加えた「葉隠巻首評注」なるものがある。筆者は久米邦武である。久米は、若いころ久米丈一郎の名まえで義祭同盟にも参加しており（安政5年）、久米が『葉隠』に深い関心と共感をもっていたこと、枝吉同様、義祭同盟の精神と葉隠の精神の両方に価値を見いだし、かつ両者の共存・統合をはかろうとする志士たちの一人であったこと、などを如実に示す証拠であろう。

幕末佐賀藩における葉隠ブームは、福永氏が言われるように限定的であり、過大に評価することを慎しむ必要があろうが、若き志士たちの中に影響を及ぼし、彼らをつうじてその思想が継承されたことは間違いない。だとすれば、幕末の志士と『葉隠』との断絶を説いて、「葉隠は孤立している」と断言した山本博文氏の主張（『『葉隠』の武士道』〔1〕）は、こうした歴史的事実に即して、今や改めて見直されなければならないと思う。大河の流れではないが、絶えることのない清冽《せいれつ》な地下水脈のごとき継承はあったのである。

註〔1〕ＰＨＰ新書、２００１年刊

家老・年寄役の思想と言行（その二）

一　名家老・多久美作守茂辰《たくみまさかのかみしげとき》の思想と行動

江戸時代に入って数十年も経つと、より強固なより安定度を高めた徳川政権の下で、日本各地の大小さまざまの藩においては、幕府への恭順と封建体制の維持、藩内での秩序維持や領民の生活安定が重要な政治目的となった。諸大名は、対外的にも対内的にも大きな過失を犯すことによって御家断絶や国替え・所替えを命ぜられぬよう、慎重かつ適切な藩政運営や領国統治に腐心しなければならなかった。すぐれた主君が藩政の中心を担うのがいちばん大事なことではあったが、御家の世襲制を重視する以上は、期待に応えてくれる有能で聡明な藩主がいつでも出現するわけではない。それゆえ、たとえ有能な藩主でなくとも、彼を支え御家長久をたしかなものとするために、藩政運営の中軸となる家老衆や年寄役という幹部の役割が絶大なものとなる。

『葉隠』の中に登場する家老・年寄役の面々は、徳川幕藩体制の初期から中期にかけて、変化のはげしい時代の動向に即しつつ、佐賀藩の存続におのが命をかけて生きかつ死んだ人々ばかりであった。前回はその代表として中野将監《なかのしょうげん》をとりあげたが、今回はそれに続いて、私は、（過去にやや遡ることになるが）第1代藩主鍋島勝茂のもとで刮目《かつもく》すべき行為と思想を歴史に刻んだ、請役《うけやく》家老・多久美作守茂辰《しげとき》に注目したい。〔1〕

註〔1〕請役家老は、多くの家老の中でも、藩政を統括する最重要の役割を担った家老職だった。

多久家は、戦国大名龍造寺《りゅうぞうじ》隆信の弟、長信が多久氏を攻略した後、嫡子《ちゃくし》家久（後の安順《やすとし》）が多久姓を名《な》のって1608年（慶長13）に誕生した家系であり、多久茂辰《くしげとき》はその2代目の邑主《ゆうしゅ》であった。名門龍造寺家の血筋を引いていただけに、鍋島藩の中でも一目おかれる存在であり、公然かつ隠然たる影響力をもっていた。『葉隠』の中で描かれた多久美作守茂辰の人柄、言動の詳細は、山本常朝がいかに人間茂辰に惹《ひ》かれ、茂辰のうちにあるべき家老の原点および理想像を求めていたかをよく示している。

（一）翁助《おうすけ》家督相続問題と美作守の活躍

多久茂辰の最もきわだった活躍ぶりとしては、なんといっても、家督相続の大問題が発生したとき、彼が家臣団の総意を背負って、藩主勝茂に堂々と対峙し、勝茂を説得したことを、第一に挙げなければなるまい。彼のみごとな立居ふるまいを、少し長くなるが、『葉隠』の当該箇所に即して、紹介してみよう。

「忠直《ただなお》公御卒去《ごしゅっきょ》の時、翁助《おうすけ》様四歳にならせられ候。御幼少に候へば、勝茂様御家督甲州様へ進ぜらるべくと、御夫婦様御相談にて、先づ恵照院様を甲州様へ御婚禮なされ候。その時上臈小倉殿《じょうろうおぐらどの》鬱憤にて御供《おとも》仕らず、翁助様御養育に夜晝《よるひる》心を盡し、片時も離れ申さず、御食事は干物《ひもの》の御汁、花鰹《はながつお》の外には何にても上げ申されず、一人にて守り立て申され候。然るところ、甲州様御取立《おとりたて》の儀、御家中上下共に合点仕《つかまつ》らず、様々僉《せん》議《ぎ》仕るに付て、美作《みまさか》殿態《わざ》と江戸罷り越され、「翁助様を差し置かれ、甲州様御取立の儀、御家中合点仕らざる」由申し上げられ候。勝茂公聞し召され、「尤もの儀に候へども、我等余命なく候へば、幼少の嫡子にては長崎御番相済むまじくと存じ候」由仰せられ候。美作殿申し上げられ候は、「それは翁助様御物立《おものだち》遊ばされざる節は、甲州に御譲りなさるべく候。御家中請《う》け合ひ申さざる儀は、何分に思召《おぼしめ》され候ても相叶《あいかな》はざる」通り申し上げられ候に付て、御納得なされ候。然れども御前様《ごぜんさま》思召入ども候て、御老中御招請なされ候。（中略）翌日は酒井讃岐守《さかいさぬきのかみ》殿（一説に土井大炊頭《どいおおいのかみ》殿）初め御老中御出で、御夫婦様御盃事《おさかづきごと》相済み、讃州盃御控へ候時分、甲州様御呼び出しなさるべくと仰せ談じ置かれ候処、紀州相図《あいず》なされ候に付、小倉殿御座へ罷り出で、翁助様を御目に懸けられ候。紀州御差し寄り、「肥前守忘れ形見にて候。御目に懸け置き候間、御盃下され候様に。」と御申し候に付、御老中方御悦び、「斯様の御子御座候事終に承《うけたまわ》らず、さてさて目出たき御事、よき御世継《およつぎ》にて候。」と仰せられ、御盃事相済み申し候。この上は御夫婦様にもなさるべき様これなく、御議定《ごぎじょう》なされ候。」［聞書五・53］

（肥前守忠直公が死去されたとき、嫡子の翁助さま（後の光茂）はまだ4歳であった。藩主になるには幼すぎたので、勝茂公は、五男の甲斐守直澄さまに家督を相続させようとなされた。ご夫婦で相談なされ、まず亡き忠直公の妻恵照院さまを甲斐守直澄さまに嫁がせられた。しかしそのとき、奥女中の小倉殿はそれに憤って恵照院さまにお供をせず、翁助さまのご養育に昼夜専念された。小倉殿は、翁助さまの側を片時も離れることなく、お食事は警戒して干物のお汁と花鰹のほかは何ものも差し上げないようにし、自分ひとりで守り育てられていた。

そうしたところ、甲斐守さまへの家督相続については、家中の者たち上下ともに承知せず、あれこれ評議をつづけた末、多久美作守茂辰殿が特別に江戸へと参上され、「翁助さまを差しおかれて甲斐守さまに家督をお継がせになることは、家中みんなが反対しております」と申し上げられた。勝茂公はお聞きになられて「もっともな言い分ではあるが、わたしの余命も長くないからには、幼い嫡子では大切な長崎御番は務まらないと思うのだ」と仰せになった。それに対して美作守殿は、「翁助さまがお役に立たないときには、甲斐守さまにお譲りなされるのがよいでしょう。家中のみんなが承諾しないことは、殿がどんなにお思いになっても、実現できるものではありません」とさらにそのまま申し上げたので、勝茂公もやっとご納得なされた。しかしながら、公の奥方さまのお考えなどもあって、幕府のご老中をご招待なさることになった。

（中略）

翌日は、酒井讃岐守殿（一説では土井大炊頭殿）はじめ老中の方々がお出でになり、勝茂公ご夫妻による盃の取り交わしが行なわれ、讃岐守殿が盃を置かれた折に、甲斐守さまを呼び出す手はずになっていたところ、紀伊守さま（元茂公）が合図をなさったので、待機していた小倉殿がお座敷に参上して、翁助さまをご老中たちのお目にかけられた。紀伊守さまがそばに寄り、「肥前守（忠直公）の忘れ形見でございます。お目にかけましたゆえに、お盃をいただきとう存じます」と申し上げたので、老中の方々も大いに喜ばれ、「このようなお子がおられるとはまったく承知していなかった。さてさてめでたいことだ。よいお世継ぎですな」と仰せになり、お盃ごとを無事終えることができた。こうなったからには、勝茂公ご夫妻ももはやなすすべがなく、翁助さまの家督相続をご決定なさったのである。）

家督継承者をめぐって藩主と家臣団とが意見を異にし、その対立が深刻化すれば、御家騒動になりかねない状況であった。その事態収拾のため、多久茂辰は、江戸に上り、勝茂と談判し、主君を説得したのだった。茂辰がそうした毅然たる態度をとりえたのは、藩内の重臣・家臣たちが日ごろから茂辰の力量に大きな信頼を寄せていたからであろう。また、多久家第2代邑主《ゆうしゅ》としての地位の重さも、人々の熱い期待の背景にあったと考えられる。

とはいえ、『葉隠』の記述を見るかぎり、茂辰が問題解決の立役者ではあったが、彼1人で困難な事態を打開したわけではない。勝茂公を説得はしたが、家督相続者としての翁助を完全に公認させるまでには至っていない。その意味では、小城藩主元茂と奥女中小倉殿の2人がまさしく準主役といいうるほどの役割をはたした。2人の深慮と巧みな策略が、老中たちを得心させ、翁助公認の道を切り拓いたのである。こうしてみると、佐賀藩家臣団の全体的意向、それをバックにした茂辰・元茂・小倉殿三者の協力・連携の行動があいまって、藩主勝茂夫妻の基本姿勢を変更させた、というのが妥当であろう。

勝茂夫妻は、幕閣の有力な老中たちを招請し、彼らに会わせるために甲斐守を待機させていたことが、記述からも明らかである。元茂と小倉殿がとった度肝を抜くような行動がなければ、甲斐守《かいのかみ》こそが老中たちに受け容れられ、次期藩主として公的にすんなり認められたはずである（盃の儀式は甲斐守公認のために催されることが老中たちにも事前に知らされていた、と考えるほうが自然である）。ところが逆転劇が演じられた。このどんでん返しによって、藩主勝茂は、弁解の余地もないほど主君としての面目を失った。しかし、事がここまで運んだからには、内心では苦々しく思ったにちがいないが、この結果でもって事態を収束せざるをえなかった、と見ることができる。不承不承ではあったろうが、勝茂は翁助への家督相続を最終的に認めたのである。主君に反抗した人間をだれも咎《とが》めなかった勝茂は、かえって藩主としての度量の大きさを家臣たちに強く印象づけた。彼は、負けることによって勝ったのである。この事件を私はそう総括している。

（二）家督相続問題から見えてくる藩主勝茂の技量

それとともに、第二に次の点をとり出すことができると思う。

勝茂が嫡子相続をあえて斥《しりぞ》けて、忠直の弟、甲斐守直澄《かいのかみなおずみ》を後継者にと考えた理由は、忠直の子翁助があまりに幼少であること、佐賀藩が幕府から命ぜられている長崎御番などの重大な任務遂行にきっと支障がでるであろうこと、であった。複雑で厄介な藩政運営を考えれば、時代は高い統治能力をもつ藩主を必要としていたし、それをよく理解していた勝茂のほうが、時流に対応したヨリ合理的な判断をしていた、ともいえるだろう。彼は、血統主義・伝統主義よりも能力主義・業績主義の価値観に重きをおいていたのだと考えられる。

ところが、佐賀藩内部の家臣たちはそうではなかったことがわかる。新しい藩主の選定にあっても、やはり龍造寺・鍋島の伝統的な血筋、しかも嫡子相続を大事にしてもらいたい、という考えに立っていた。主君―家臣の情誼的な関係をあくまで優先させる価値観であり、その伝統にもとづいてこそ、家臣自身も心底から佐賀藩・鍋島家に身を捧げることができる、という発想である。

領国統治における能力主義・業績主義の傾向は、江戸期になってしだいに強まっていったかのように考えられやすいが、そうではない。すでに各地の戦国大名の統治下で、かなりはっきり姿を現わしつつあった。拙著『『葉隠』の研究』の中で、丸山眞男の研究を参照しながら、私は、戦国家法「朝倉敏景十七箇条」や「信玄家法（甲州法度之次第）」の中にある、近世的家産官僚制と結びついた能力主義や業績主義の重視について叙述したことがある。伝統や身分にこだわる態度（＝譜代主義）を斥けて、行動や成果によって忠誠度をはかる態度（＝業績主義）の登場である。第1代藩主勝茂は、日本各地で政治的支配力を増しつつあった有力な戦国大名たちの統治能力や政治手法を研究し、それらにもよく通じていたとみられる。彼は譜代主義をまったく否定したわけではなかったが、戦国期以上に徳川泰平期では、藩主や幹部重臣たちが示す能力・実力や業績がなにより重要であることに気づいていたのではあるまいか。

幼すぎる翁助ではなく、甲斐守直澄に家督相続をさせようとしたことは、勝茂が重視した能力主義・業績主義の一つの表われだといいうるが、それにもまして象徴的な出来事は、譜代の臣ではなかった相良求馬《さがらきゅうま》の重用であり、加判家老《かはんがろう》への抜擢《ばってき》である。〔2〕それは、以下の二つの聞書からうかがい知ることができる。

註〔2〕加判家老とは、藩の幹部として重要文書に判を加える一代限りの家老を意味した。

「一鼎《いってい》咄に、相良求馬は、泰盛院《たいせいいん》様御願《ごがん》に付《つき》出現したる者なるべし。抜群の器量なり。毎歳御願書《ごがんしょ》御書かせなされ候。御死去前年の御願書、宝殿に残り居り申す事もあるべし。」〔聞書一・8〕

（石田一鼎が語ったことだが、相良求馬は、泰盛院さま（勝茂公）が願掛けをされたことによって出現した者であろう。抜群の器量の持ち主だった。勝茂公は、毎年願書をお書きになっておられた。ご死去の前年の願書は、宝殿に残っているかもしれない、と）

「相良求馬は高源院様附の手男《ておとこ》津留《つる》源兵衛《げんべえ》と申す者の子にて候。（中略） 高源院様より（源兵衛は）宮内《くない》と申す女中を嫁娶《よめとり》仰せ付けられ候。出生の子助次郎、御側《おそば》にて御養育なされ、光茂公御幼年の時、御遊相手に御附けなされ候。段々御仕立て、千二百石下され、加判家老仰せ付けられ候。」［聞書六・19］

（相良求馬は、高源院さま（勝茂公の奥方）付きの下男であった津留源兵衛という者の子である。（中略） 源兵衛は高源院さまのはからいで宮内という女中を嫁として娶《めと》った。二人の間に生まれた子の助次郎は、高源院さまが自分の側でお育てになり、光茂公の幼少のとき、彼を遊び相手としてお付けになられた。その後だんだんとお引き立てになり、千200石を与え、加判家老を仰せつけになった）

相良求馬は、このように幼少のころから、勝茂公夫妻によってその利発さや豊かな器量を注目され、その将来を嘱望されるとともに、藩内でしだいに重い職責を担ってきたことが知られる。それは同時に、藩主勝茂が、譜代の臣ではなくとも、優秀な人材を積極的に登用し藩政に参画させようという、能力主義・業績主義の性向をもっていたことの証左でもあると思う。

だが、すでに述べたように、藩内家臣団は、譜代の士を尊重することを求めた（山本常朝もその一人であった）し、主―従の情誼的人格的な関係の継続をこそ望みつづけた。勝茂は佐賀藩内部のそうした頑《かたくな》で一途な伝統主義の問題点を知りつつ、それでもなお主君にたいする家臣の情誼的忠誠の大切さにも理解のとどく藩主であった、といいうるであろう。だからこそ、時代に即応した合理的精神をもちながらも、家臣によ る伝統的な情的忠誠心の意義をけっして否定せず、（たとえば家督相続問題にさいしても）それを受けいれ包み込もうとする大きな度量を示しえたのだ、と私は考えている。

二　美作守と「後継藩主への臣従」の問題

（一）多久茂辰―志田吉之助対談

佐賀藩における御家長久を確固たるものにする上で、歴代の家老たちは、円滑な家督相続、すなわち新旧藩主の順調な継承に血のにじむような努力をはらっている。臣従してきた主君が死去（あるいは隠居）した後、誰がその後継者になるかによって、藩の行く末は決定的に左右される。なにより藩内の意見が分裂して御家騒動が出来《しゅったい》することはぜひとも避けなければならない。この不安・動揺の過渡期にこそ、家老・年寄役など幹部重臣の最大の使命と尋常でない労苦が集中的に発揮されることになる。

多久美作守茂辰も例外ではなかった。ことの重大さを知り抜いていたからこそ、すでに見たように、忠直死去のあと、翁助への家督相続のために、江戸に上り、勝茂への説得におのが命をかけたのだった。それ以外にも、『葉隠』は稀有《けう》の請役家老・多久茂辰の活躍ぶりにいろいろな角度から光を当てている。山本常朝は、茂辰の言動が彼以降の家老衆にとってたえず参照さるべきすぐれた範例になりうる、との確信をもっていたからだと思われる。

彼の言動の有名ないくつかを挙げてみよう。まず注目したいのは、藩主の継承をめぐって行なわれた、同世代の友人志田吉之助《しだきちのすけ》と多久茂辰との対談である。

「光茂公御代初《ごだいはじめ》に、美作殿吉之助に相談候は、「代初の仕立が大事のものなり。それに付、勝茂公仰置《おおせおき》の趣を以て御書附《おかきつけ》を致し置き候。其方了簡《りょうけん》通り承るべき」由にて、二三箇条読まれ候時、「退屈致し候間罷り帰るべし。」と申し候。美作殿立腹にて、仔細《しさい》を尋ねられ候へば、吉之助申し候は、「御手前は人並の家老かと存じ候処、何の役にも立たざる家老にて候。その謂はれは、家老と云ふものは、主人に家中の者の思ひ附き候様にするものにて候。唯今《ただいま》の書附を家中に見せられ候はば、勝茂公の御事を有難く存じ、其方の事を褒め申すばかりにて候。勝茂公御死去間もなく、家中馴染《なじみ》の士未だ涙も乾き申さざる処、斯様の御遺言とならば、いよいよ慕ひ奉り、当殿様事《とうとのさまこと》は素より馴染はなし、江戸育ち生れの主人如何《いかが》と存じ候時分なれば、一人も思ひ附く者あるまじく候。忠節の家老の仕方ならば、その書附の通りを悉く当殿様の思召寄《おぼしめしより》にして、我が存立《ぞんじたち》ちなどゆめゆめ人に知らせず、書き物を差し出し候時は、扨《さて》は勝茂公にも増《まさ》りの主人にて候と、代初に思ひ附き候様に仕るものにて候。」と申し候に付て、美作殿「尤も至極、それ故其方《そのほう》には見せ候。」とて、則ち書き物を破り捨てられ候由。」

［聞書八・68］

（光茂公の御代の初めに、多久美作殿は志田吉之助に相談し、「新藩主による御代の初めに重要なことをととのえておくのが大事なことだ。それについて、勝茂公は仰せになった内容を書き付けにして残し置かれている。そのほうはどう思うか、考えをうけたまわりたい」と言って、その二三カ条を読んだとき、「退屈したので、もう帰ろうと思う」と言い出した。美作殿は腹を立てて、その理由を尋ねたところ、吉之助は、「そなたは人並みの家老かと思っていたのに、なんの役にも立たぬ家老だ。どうしてかと言えば、家老というのは、家中の者たちが主君を慕うように努める者であるはずだ。ところが、ただ今の書付を家中の者たちに見せたなら、勝茂公のことをありがたく思い、そなた（美作）のことを誉めそやすばかりだろう。勝茂公が亡くなられてまだ日も浅く、慕っていた家中の侍たちはまだ涙も乾いていない時期なのに、このようなご遺言を聞けば、ますますお慕い申しあげることになる。それに比べて、新藩主の光茂公は家中の者たちに馴染みが薄く、江戸で生まれ育った主君はどうであろうかと彼らが不安に思っている時期であるから、だれ一人お慕いする者もないであろう。真に忠義の家老がなすべきは、その書き付けの中身すべてを新しい主君が思《おぼ》し召《め》されたことにして、自分の見解などけっして他人に知らせず、書き物を公けにすべきことであろう。そのようにして、家老とは、新藩主は勝茂公にも勝る主君だと、御代の初めに家中の者たちが思い込むように努める者なのだ」と語った。これを聞いて美作殿は、「まったく

おっしゃる通りだ。だからこそ、そなたにお見せしたのだ」と言って、ただちに書き物を破り捨てられた、とのことである）

（二）後継藩主に対する家臣たちの「自発的な随順」の問題

多久美作が意見を聞きたいと考えて相談をもちかけた志田吉之助という人物について、ここでどうしても触れておく必要がある。聞書のこの箇所の前半は、吉之助の経歴や人柄に関する記述に当てられており、彼が意欲的に御家奉公をするならば大きな仕事をなしとげるであろう、という主旨の評価が暗示されている。なにより美作が彼の才能を高く買っていて、ことあるごとに引き立てようとするのだが、吉之助は、早めに家督を譲り隠居の身になってからは、奉公の生活に見向きもしなかった。ときには馬鹿者になり、ときには欲深者をよそおい、また腰抜けのふりをして、最後まで美作の招請に応じようとしなかった、という。

志田吉之助という人物は、立身出世に価値をおかず、権力や富貴から徹頭徹尾おのが身を離して生き抜きたいと考える、この時代の武士としてはめずらしい生粋《きっすい》の自由人であったことが知られる。表面的ないし世間的には、彼は奇人であり、変人であった。しかし、美作との対談は、新旧藩主の継承がどうあるべきかについて、吉之助がきわめて的を射た意見、ある意味ですこぶるオーソドックスな識見の持ち主であったことを示している。もとより同時に、吉之助の見識の高さを見抜いていた美作の眼力もみごとであった。美作が「尤も至極、それ故其方には見せ候」と言ってただちに書き付けを破り捨てたのは、彼の返答を当初から予想していたからであり、むしろ「我が意を得たり」という心情の吐露《とろ》であって、けっして負け惜しみふうの言動ではあるまい。吉之助が提示したあるべき家老のふるまいを美作自身が貫くためにも、自らと同意見であろうと予想する吉之助の後押しを、最初から期待していたものと考えられる。

この2人が一致した内容とはなにか。

家督相続にあたって、家臣たちによる前藩主への臣従と新藩主への臣従が分裂してはならない、ということである。さらに言えば、亡くなった藩主への慕情をいつまでも引きずらないこと、新しい藩主への臣従に早く移行させるべきこと、である。端的に言うと、ただ一人の主君への忠誠という現実を造りあげること、である。小池喜明氏は、これを「忠誠対象の一元化」と呼んだ。〔3〕忠誠対象が多元化すれば、すなわち家臣にとって忠誠を誓う主人が複数になれば、まちがいなく藩内世論は分裂し、藩内政治は統御困難になる。全国各地で発生した諸藩の御家騒動はそれを思い知らせる。この一元化こそが、どんな藩であれ、たしかに家督相続の最大かつ最高の目的であり課題であった。

註〔3〕『葉隠　武士と「奉公」』（講談社学術文庫）253頁参照

とはいえ、2人の対談は「忠誠対象の一元化」というだけにとどまらない、より進んだ藩主継承の論をも示していることに私は注意を促したい。当該聞書の最後の記述から明らかなように、前藩主の書付の中身は新藩主自身が考えついたことにし、新しい主君は前の主君にも勝るほどの人物だと家中の者たちが思い込むように努めること、これこそ忠節の家老の責務だという発言である。悪くとれば、作為的・陰謀的とも言いうる主張であろう。さまざまな狡知《こうち》・策略を用いてでも、家臣たちの新藩主に対する心からの親しみ・信頼・慕わしさの感情を創出することが、なにより重視されているのがわかる。

佐賀藩の場合、前藩主勝茂が偉大な統治者であり家臣団から全幅《ぜんぷく》の信頼を得ていただけに、勝茂亡き後の新藩主による藩内政治は当初からけっして容易ではなかった、と推測される。だからこそ、多久美作も志田吉之助も、勝茂─光茂間の継承にはかなりの困難と苦労が伴うことに強い危機感をもっていたにちがいない。光茂への継承を成功させる鍵は、家臣たちの真の忠誠心を醸成《じょうせい》すること、それゆえ主君が家臣団をどれほど惹きつけられるかにかかっていることを、2人とも重々認識していたであろう。忠誠対象の一元化とは、後継主君一人への忠誠という形態だけでなく、家臣たちの内面における新たな忠誠感情の生成・収斂・増幅をも意味するものでなければならなかった。ここからも明らかなように、美作でも吉之助でも、後継藩主への家臣団の「内面的な同化」、ないし「自発的な随順《ずいじゅん》」と呼びうる高度な質までもが期待され目ざされていたのである。

三　御家長久に向けた多久美作の注目すべき言動

（一）老後における美作の無情・無理

志田吉之助との対談で浮き彫りになった多久美作の信念とその所作は、それ以外の場面でもいかんなく発揮されている。

『葉隠』の中に、老後の美作による無情・無理のふるまいが紹介されている箇所がある。

「多久美作殿老後に、家中の者へ無情無理の御仕方《おしかた》どもこれあり候故、誰か意見申し候へば、「長門がためなり。我が死後に枕を高くして緩《ゆる》りと休み申さるべし。」と答への由。総じて家中を憐愍《れんびん》し、隠居前に無理の事共あれば、嫡子に家を譲り候時、家中の者、早く直代《じきだい》に思ひつくものにて候。これ秘説の由、或人の咄なり。」〔聞書二・3〕

（多久美作守茂辰殿は老後に、家中の者たちに無情なこと無理なことをなされたので、ある者が意見を申し上げたところ、「わが子（長門守）茂矩のためを思ってのことだ。私が死んだあと、彼は枕を高くしてゆっくり休むことができるだろう」とお答えになったとのこと。一般に、ふだんは家中の者に温情を示していた主君が、隠居する前に無理なことを言うようになると、嫡子に家督を譲った時に、家中の者は早く新しい主君を大切に思うようになるものだ。これは秘密にした方がよい教えだ、とある人が話された。）

すでに述べたように、多久美作守茂辰は、初代藩主勝茂の時代にあって佐賀藩の請役家老という重責を担いつつ敏腕をふるった傑物だが、同時に、名門龍造寺家の血筋を引く、由緒ある多久家の第2代邑主でもあった。多久家の当主として、嫡子(長門守)茂矩《しげのり》への家督相続にあたっては、彼はまさに当事者の地位にあったのである。その人物が、老いて後、先の志田吉之助との対談でことのほか重視した「後継主君への家臣団の内面的な同化(ないし自発的な随順)」を成就せんと、おのが身体を張った行動をしているのが知れよう。多久家の家臣たちが、旧主君にたいする信頼・慕情を断ち切って、できるだけ早く新主君への親しみ・敬愛の念を抱くよう、あえて無理無体なふるまいをしつづけた、というのである。涙ぐましい努力というほかはない。

家老在職中、多久美作の仕事ぶりや人間性は高く評価され、いくたびか武士としての名誉にも恵まれたはずである。その美作が家臣たちへの無情かつ無理な言行によって、彼らに嫌われ疎《うと》んじられ世間の評判を落とし、意図的に自分の名誉を傷つけたことを、どう評価したらよいか。

一つは、自分の「晩節《ばんせつ》を汚《けが》す」ことまでして、美作が個人的な利害を超え無事な家督相続の達成に尽力できたほどの人物であった、ということであろう。彼は、個人の名誉感情より、藩や家という組織の論理を優先させた。換言すれば、優先させうるだけの器量の大きさを持っていたのである。

もう一つは、藩であれ家であれ、そうした人為的な策略をとる必要があるほど、新旧の主君の継承が政治的重大事であり、しかもそれはけっして容易な事業ではなかった、ということであろう。この種の策略は、上述したように、主に家老や重臣の仕事であったろうが、ここでは、御家の当主(美作)自身が自発的積極的に実行した、という事実に重みがある。それだけに切実な臨場感が生まれているし、周囲への強い説得力も表現されている。

（二）「御家崩壊」理由の問いと、死直前における美作の遺言

以上の物語と関連して、短い記述ではあるが、含蓄に富む次のエピソードも、江戸初期の侍《さむらい》的組織人・多久美作の深慮と炯眼《けいがん》さをよく示していると思う。

「多久美作殿小城へ見舞に罷り越され候事　紀州様へ美作殿見舞に罷り越され、咄の序《ついで》に申され候は、「末《すえ》の代《よ》に至り、御家は何事にて崩れ申すべきやと思召され候や。」と申され候。紀州様暫《しばら》く御案じなされ、「多分我等共が子孫より崩し申すべし。」と御申し候に付、余《よ》の咄に取りなし、罷り帰られ候。後にて紀州様仰せられ候は、「美作は無双の家老なり。今日の見舞は右の一言《ごん》にて我に心附《こころづ》くべき為なり。」と御褒美の由。」〔聞書九・22〕

（多久美作殿が小城へお見舞いにお越しになったこと　紀伊守元茂殿を見舞うため美作殿が小城にお越しになられ、話しのついでに「これから後々の代になって、鍋島の御家はどのようなことで崩壊してしまうとお考えですか」とお聞きになった。元茂さまは少しの間ご思案なされて「おそらく私たちの子孫が崩壊させてしまうでしょう」とお答えになったので、あとは他のことに話を移して、お帰りになられた。その後、元茂さまは仰せになられ、「多久美作は他に並ぶ者がないほどの家老だ。きょうの彼の見舞いは、核心をついた彼の一言でもって、私に大事を気づかせるためだったのだ」とお褒めになったという）

多久美作が小城藩主元茂を見舞ったさいに交わされた、佐賀藩ないし小城藩の行く末についての短い対話がここでの聞書の主題であるが、淡々となされたこの質疑応答が意味するものを把握することは、思いのほか難しい。文面どおり受けとれば、2人は共に、後世の鍋島家は子孫たちが原因でいつかは崩れてしまうだろう、という懸念《けねん》と嘆きを表現している、と解することができる。だが、それだけであれば、将来の御家についての事実認識の表明、または2人の悲観的な予想

にとどまる。

この場での美作の狙いは、御家の行く末に対する危機意識を確認した上で、それを傍観者的にただ放っておいてよいのか、今まさにできることをしなければならぬのではないか、という実践的な当為《とうい》と責任の所在を元茂に気づかせることにあった、と私は考えている。藩祖直茂、初代藩主勝茂によって構築された鍋島家が、後代にいたって衰退・弱小化しないために、どんな藩主、家老、家臣が必要か、藩政運営にあたって為政者はどんな知力や勇気を発揮していくべきか、の教えを確実に子々孫々に継承していかねばならない。美作はそのことを知らせたかったのであり、元茂はそのことを美作に気づかせてもらったのである。美作は元茂の返事を聞いて、2人の根本的な意思一致を確認し、もはやそれ以上のことは言う必要がないと感じて、心穏やかに元茂のもとを去った。この聞書が浮かび上らせたものは他でもない。一言の問いで事態の本質をつかみ出すことによって、賢君元茂をもうならせた多久美作の名家老ぶりである。

美作―元茂対談に関する私の解釈がけっして牽強付会《けんきょうふかい》ではないこと、それは元茂自身が上記の教訓を深く心にうけとめ、死の直前次のように明確な行動に移していることから、明らかではないかと思う。

「紀州御病気の段、光茂公御参観の御道中にて聞し召され、道中御急ぎなされ、旅籠食《はたごしょく》を召し上がられ候。大石小助申し候は、『平生の御物嫌《おものぎら》ひとは違ひ申し候。』由。右の通り御急ぎなされ候へども、御著前《おちゃくぜん》に御死去なり。加賀守殿は御死去前に御著《つ》きなされ候。紀州御悦び、『頃日《けいじつ》より夜晝《よるひる》相待ち候は、別の事もなく候。浮沈《ふちん》共に丹州に一味同心仕《つかまつ》るべくと、我が目の前にて誓詞をいたし、牛王《ごおう》を焼き、呑みて見せ候へ。』と御申し候。『その段は御心安く思召さるべく候。日来《ひごろ》の覚悟に御座候。』と即ち血判誓詞なされ、牛王を焼き、呑み候て御目に懸けられ候へば、『安堵《あんど》なり、外《ほか》に言ひ置く事はなし。』と仰せられ、やがて御死去の由な

り。」［聞書五・57］

（紀伊守さま（元茂公）のご病気が重いということを、光茂公はお聞きになり、旅をお急ぎなされ、宿でもありあわせの食事を召し上がられた。大石小助は「好き嫌いのはげしい平生の殿とは大違いだ」と語ったという。そのようにお急ぎになったけれども、殿が到着される前に、紀伊守さまはお亡くなりになった。加賀守さま（直能公）は、死去なされる前に到着なさった。紀伊守さまは大いにお喜びになり、「先日来、夜も昼もそなたを待っていたのは、ほかでもない。御家の盛衰があろうと心を一にして丹後守殿（光茂公）にお味方しつづける、と私の目の前で誓いの言葉を述べ、牛王（起請文の紙）を焼いて、呑み込んでみせよ」と言われた。加賀守さまは、「そのことはご安心なさってください。日ごろからの覚悟でございます」と、ただちに血判・誓詞をなされ、牛王を焼いてお呑みになり、ご覧にいれたので、紀伊守さまは「これで安堵した。もう他に言いおくことはない」と仰せになって、その後まもなくお亡くなりになったという。）

周知のとおり、佐賀藩は、本藩と3支藩からなる、ユニークな統治体制をとっている。

3つのうち最大の支藩である小城藩が本藩にたいしてどういう姿勢で関係をもちつづけていくかは、今後の佐賀藩の盛衰を決定する一大要因であろう。初代支藩主元茂は、在職中からそのことをたえず気にかけていた。3支藩が一致協力して支えてこそ、佐賀藩の発展もあり、なかでも小城藩は、共同で本藩を支持していく上で積極的にイニシアティブをとるべき責務がある。

だからこそ、元茂は、死の直前、嫡子直能に、その胸中を打ち明け、かねての思いを伝えた。将来にわたって本藩と運命をともにすることを、後継者に約束させたのである。前述の美作―元茂対談と関係させて言えば、元茂が、美作によって気づかされた実践的な教訓、および果たすべきおのが責任を、身をもって遂行した、と解釈できるのではあるまいか。

（三）３つの対談を貫いているもの

元茂が死去して28、9年後、実は論述（その一）で紹介した「3家不熟」問題、つまり本藩と3支藩との対立問題が生じている。そのとき、年寄役中野将監が藩主光茂にたいして命がけの諫言を行なって、深刻な事態が収拾されたことは前に述べた。私が注目したいのは、将監の説得を受け入れて、光茂が直能《なおよし》（加賀守）を呼び、自分の非を謝罪したとき、それを聞いた直能がしきりに涙を流し、つぎのように返答したことである。

「最早末《すえ》まで仰せらるまじく候。さてさて有難き御心入れ、篤《とく》と合点仕り候。年打ち寄り候某《それがし》罷り在りながら、若き者共へ斯様《かよう》の儀を申させ候儀、某の不調法《ぶちょうほう》この上御座なく候。某請け取り申し候間、すこしも御心に懸けさせらるまじく候。」［聞書五・46］

（もはや最後まで仰せられますな。さてさてありがたいご心中、十分に承知いたしました。年寄である私という者がおりながら、若い者たちにこのようなことを言わせたのは、私の行き届かないことこの上もございませんぬ。私がしかと請け合いますので、少しもご心配なさいませんように）

ここでの両者の言葉のやりとりには、「肝胆相照《かんたんあいて》らす」あるいは「以心伝心」のような響きが感じられる。とくに返答した直能の言葉には、相手の真情に寄り添おうとする前々からの強い覚悟がにじみ出ている、といってよい。

直能（加賀守）はこの当時、すでに60歳をゆうに越えていた。私が思うに、彼は、この光茂との面談にさいして、死の直前の元茂と固く交わした約束を、改めて生きいきと想起していたのではないだろうか。支藩（分家）として心変わりすることなく永久に本藩（本家）を支えつづけよ、という父の遺言を、である。〔4〕たしかに直能を含め3支藩主は、本藩の差別的な扱いにたいして、一時的に大きな不満を抱き、強い反発を示した。だが、こうした不和・対立は佐賀藩にとっての致命傷になるであろうし、けっして先祖たちの望むところではない。双方で、かつてない自己への内省と他者への寛容が発揮された。かくして危機は去った。約30年の時は経過していたが、佐賀藩主光茂を前にして、小城藩主直能は本藩への忠誠を誓い、亡き父との約束を誠実にはたしたのである。

註〔4〕奈良本辰也氏の現代語訳では、加賀守直能が紀伊守（元茂）と佐賀に一緒に出かけて、まず一人で光茂と対談したと記述されている。しかし、鍋島元茂はとっくの昔（約30年前）に死去していて、この世には存在しない。ここでの紀伊守は直能の子元武のことである。

こうしてみると、3家不熟問題をめぐる光茂―直能の対談、元茂の死の直前における元茂―直能の対談、将来の御家崩壊をめぐる元茂―美作の対談、この3つの対談内容は、時を超えて強く深くつながっている。言うまでもなく、御家長久という至上目的こそがその枢軸であった。光茂の謝罪の言葉に感涙した直能の基本姿勢と根本理念の源を過去へと遡っていくと、その最初には、「末の代に至り、御家は何事にて崩れ申すべきやと思召され候や」という「無双の家老」多久美作守茂辰の深甚なる問いかけがあったことに、一種の驚きをもって気づかされるのである。

家老・年寄役の思想と言行（その三）

一　藩の安定、藩内統一への命がけの努力

前稿でも述べたように、元和偃武《げんなえんぶ》以降の徳川幕藩体制期では、各藩での御家長久という至高の課題に最も大きな責任を担い、かつまたそれを効果的に遂行しえた者は、家老衆であり、年寄衆であった。佐賀藩でも、なにより主君に諫言《かんげん》できたのは家老・年寄に限られていたし、藩内でも、その使命の実現を自他ともに許されていた特別な役職層であったからである。主君に諫言できるということは、時には藩の基本的な統治政策を変更できるということであり、時には自分の意見を新しい政治方針として採用してもらえるということでもある。それだけ大きな影響をおよぼしうる地位にふさわしい者は、当然、ひいでた知的な分析力・判断力、意志・感情面での大きな度量をそなえている人間でなければならず、また藩内の家臣たちからの厚い信頼や尊敬をえていた人間でなければならなかった。

もちろん、佐賀藩内部で活躍した歴代の家老・年寄衆たちが完璧《かんぺき》な人間であったというわけではない。彼らがその時々の藩政運営をほとんどすべて成功裡《り》にすすめることができたともいえない。だが、『葉隠』に登場する家老・年寄衆についていえば、山本常朝が概して肯定的に描き出しているキライがあるとしても、彼らの言動や人間性は当時かなり高い水準にあり、読む者にたしかな魅力や憧れを感じさせるだけの存在であったことはまちがいない。初期佐賀藩が彼らの力で時代の荒波を乗りこえることができたのも宜《むべ》なるかな、と納得させられる。

前稿では、初代藩主勝茂公の時代に、翁助《おうすけ》（のちの光茂）継承問題の出来《しゅったい》のとき、藩内世論を代表して勝茂の説得にあたった多久美作守茂辰《みまさかのかみしげとき》の言動、前々稿では、三家不熟《さんけふじゅく》（本藩と3支藩との対立）問題発生のとき、命がけで光茂に諫言して事態の解決に導いた中野将監《しょうげん》の言動をとりあげ、くわしく紹介した。いずれも後世に

永く語り伝えるに値する出色《しゅっしょく》の活躍であったが、たまたま優秀な家老（ないし年寄役）がその時期に居あわせていた、というだけでは説明しつくせないものがある。私は、そうした類《たぐい》の人物を包含し系統的に輩出してきた、佐賀藩の家老・年寄衆の層の厚さ、組織的な伝統の重さといったものを感じるのである。上記の多久茂辰でも、中野将監でも、その時々の使命ないし目的は、御家長久を至上命題とする、藩の安定や藩内統一の実現に向けられていた。唯一の主君と多数の家臣（団）との相克・亀裂《きれつ》をそれ以上大きくせず、確実に修復することへと、彼らの任務は方向づけられていた。2つの事件は、藩主と家臣（団）とを仲介し、主―従の絆を再強化するためにこそ、命がけで彼らが働いたことを示している。

（一）凡庸を打破する中野数馬（利明）の思想と行動

綱茂公時代に、家臣の助命嘆願に奔走した年寄役中野数馬（利明）〔1〕のふるまいは、情誼《じょうぎ》的な主従関係の強化を目的とした上述の事件の延長上にあるものとして、長く記憶されるべきすぐれた言行であろう。

註〔1〕中野数馬（利明）は、3代藩主綱茂公の時代では年寄役を務めたが、2代藩主光茂公の時代では加判家老を担った重要人物である。

「中野数馬年寄の時分、羽室《はむろ》清左衛門、大隈《おおくま》五太夫、江副《えぞえ》甚兵衛、石井源左衛門、石井八郎左衛門御意《ぎょい》を相《あい》背《そむ》き候に付、切腹と仰せ出され候。その時綱茂公の御前へ数馬罷《まか》り出《い》で、『右の者共は御助けなされ候様に』と申し上げ候。公聞し召され御立腹なされ、『僉議《せんぎ》相《あい》極《きわ》め切腹申し付け候に、助くべき道理これあつて申す儀に候や』と御意なされ候。数馬これを承り、『道理は御座《ござ》なく候』と申し上げ候。道理これなき處に助け候様にと申す儀不届《ふとどき》の由、御叱《おしか》りなされ、引き取り、又罷り出で、『右の者共は何卒《なにとぞ》御助けなされ候様に』と申し上げ候に付、最前の如く又々御叱りなされ候に付、引き取り、又罷り出で、斯くの如く七度《たび》まで同じ事を申し上げ候。公聞し召され、『道理はこれなき處、七度《たび》迄申す事に候間、助くる時節にてあるべし』と、忽《たちま》ち思召《おぼしめ》し直され、御助けなされ候。斯様《かよう》の事共数多《あまた》これあり候なり」［聞書一・137］

（中野数馬＝利明＝が年寄役を務めていたころ、羽室清左衛門、大隈五太夫、江副甚兵衛、石井源左衛門、石井八郎左衛門の5人が殿のお指図に背いたので、切腹を命ぜられることになった。そのとき数馬は綱茂公の御前にすすみ出て、「右の者たちをお助けなされますように」と申し上げた。これをお聞きになって公はご立腹なされ、「評議の結果決まった切腹を申し付けたのに、助けなければならぬ道理があってそのように申すのか」と仰せになった。数馬はこれを承って、「道理はございませぬ」と申し上げた。道理もないのに助けるようにと言うのは不届きである、とお叱りになったので、数馬は引きさがり、また御前にすすみ出て「右の者たちをなにとぞお助けなされますように」と申し上げた。そこで最前のようにまた殿がお叱りなされたので、引きさがり、そしてまた御前にすすみ出て、このように数馬はくりかえし同じことを7度まで申し上げた。綱茂公はお聞き入れになり、「道理はないけれども、7度まで申すことであるから、助ける時期なのであろう」と、すぐに考え直され、5人の者をお許しになられた。このような例は数多くあったのである）

主君の憤《いきどお》りは諫言する者自身にふりかかり、当人の諫死という事態も大いにありえたはずであろう。そういう緊迫した状況下で、おのが一命を賭けて、7度まで御前へと訴え出たこの事件は、佐賀藩における主—従の情誼的結合の特徴を示すものとして、あまりにも有名である。他藩でもこういう事例があったのかどうか、私は寡聞《かぶん》にして知らない。とはいえ、この逸話から見過ごせないいくつかの論点を指摘することができるだろう。

主君の命令（または意向）に背いた5人の家臣に対して、おそらく家老衆を中心とする評議がおこなわれ切腹の処分が決定された（藩主綱茂はその評議結果を承認した）と考えられる。その評議には加わっていなかった年寄役の中野数馬がくりかえし御前に参上して助命を訴え出たとき、助けるべき道理を問われて「道理はない」と答えているが、この応答には深い意味が隠されているように思う。数馬がこの処分に露《つゆ》ほどの異議を抱かなければ、助命の行動をとらなかったであろう。相当の処分はしかたがないと考えていたにせよ、5人の家臣を一挙に失うことによる藩経営上の痛手、あるいは藩主および重臣が下した過酷な措置に対する家臣団の不満や心理的動揺などが、不安材料として彼の脳裡《のうり》に浮かんだかもしれない。その真偽を確かめることはもはや不可能だが、少なくとも数馬なりの「助命嘆願の道理」はあったはずである。切腹措置が粛々《しゅくしゅく》と遂行されることを強く危惧する理由・根拠を彼は必ずやもっていた、と考えるほうが自然である。

だが、なんらの異議・理由もいっさい口にせず、数馬は「道理はない」と答えつづけた。特定の理由を挙げて助命を願い出たとすれば、上層部の僉議《せん》(評議)結果および藩主の承諾・決定に対して理屈で異を唱えることになる。一つの道理と他の道理との対立が露わになってしまう。これこそ意見具申にさいして山本常朝が避けるべきだと考える、「屹《きつ》と仕ったる申し分」(きつい理詰めの申し上げ方)にもとづく対立主張の「当たり合ひ」(言い合い)の出現である。［聞書一・15 3］最悪の場合、臣下の意図に反して、主君の側の非が明らかになるやもしれない。

それを重々知っていた数馬だからこそ、あくまで道理による申し出を自制し、最後まで主君の慈悲と寛容の精神に訴えた。7度という数は、傍《はた》から見れば執拗《しつよう》すぎると言うしかない。ほんとうに彼がそんなにいくども訴えつづけたのであろうか、という疑問も生じるが、確たる反証がないので、『葉隠』の記述をそのまま受け入れるほかはない。ただ、7度におよぶ申し出は、常人には見られない数馬の強い意志とその場に生起したただならぬ切迫感を、つよく印象づけていることだけはたしかである。

それはともかく、藩主綱茂も、日ごろの言動から、この種の問題では、論理より感情で事態打開をはかろうとする中野数馬の心中をよく理解していた、と思われる。佐賀藩の家臣は、御家や主君に対する無際限の情誼的忠誠に生きようとするからこそ、必要なときには藩主から尋常でない情誼的な御恩《ごおん》を期待することもできた、という感情重視の「御恩―奉公」関係が姿を現わしている。この事件はけっして例外ではなかったのである。当該聞書の最後に記された「斯様の事共数《あま》多《た》これあり候なり」（このような例は数多くあったのである）という文がそれをよく証拠だてていよう。こうした主―従関係が土台にあったがゆえに、藩主による決定（この場合は切腹の処分）の撤回は、藩主の限界や弱さとしてではなく、逆説的に藩主自身の人間性の豊かさ・強さとして現象することになった、と私は理解している。

（二）中野数馬（利明）の温情的言行から見えてくるもの

以上のように、中野数馬（利明）は、道理ではなく情にもとづいて家臣の助命に尽力しているが、じつは以下の聞書をみると、そうした温情・恩恵を、家臣だけでなく民衆一般にもほどこしていることがわかる。

「中野数馬は科人《とがにん》御僉議《ごせんぎ》の時、相当の科《とが》一段づつ軽く申し出で候。一代一ふりの秘蔵の智慧にて候。その頃は数人の出座に数馬一人ならでは口を披《ひら》き申さるる人これなく候。口明《くちあ》け殿、25日殿とも申し候由」〔聞書一・51〕

（中野数馬は罪人を取り調べるとき、それが相当する刑よりも一段ずつ軽い刑を殿に申し出ていた。これは数馬にしかできない芸当であり秘蔵の智慧である。そのころは、評定の場に数人が出ていたが、数馬一人の他は最初に口を開く者はいなかった。そこで、世間では、口明け殿とか、25日殿〔2〕とか言われていた、とのことである）

註〔2〕味噌・醤油・沢庵漬などは、25日経って蓋《ふた》を開ける習慣があり、そこで25日は、口開け、物事の初め、を意味した。

短い記述であるが、中野数馬（利明）という人物のユニークで魅力的な性格がよく表現されている。罪人の刑について評議し合ったとき、彼は罪を軽くしてやろうとの意図のもとに、他の同僚に先んじて発言したというのである。その意味で、数馬は温情や慈愛にあふれ、大事な場での評定をリードできる存在であった。

とはいえ、温情・慈愛豊かな彼の人柄にとどまらず、「相当の科一段づつ軽く申し出で候」という彼の行為のうちにこそ、なおいっそう大きな社会的意味を認めうるのではあるまいか。私にとっての驚きは、数馬の行為が、掟や規律を機械的に遵守《じゅんしゅ》し適用するのではなく、自分の裁量を加え罪人の刑を軽減している、という事実である。当時、個々の犯罪に対応する刑罰の規定が必ずしも精密ではなかったという事情もあったであろう。また、よかれあしかれ、藩上層部の情実や裁量が入り込む余地が大きかったかもしれない。しかし、数馬が慣習や規律にもとづく「罪―罰」の決定・申し渡しに囚《とら》われていなかったことは、大いに注目されてよいことだと思う。私は、彼の発想や判断力のうちに示されている主体性・柔軟性に、凡庸ならざる長所を感じないわけにはいかない。

だとしても、冷静に考えてみると、上記の数馬の行為は、かなりリスクの高いものではなかったろうか。掟や慣習を逸脱して咎《とが》人の「罪―罰」を決定することは、周囲（とくに保守的な重臣層）からの非難を招き、自分の身を危険に陥れる可能性が大きい。おそらく密《ひそ》かに行なわれたからこそ、「秘蔵の智慧にて候」と記されているのであろう。そうしたリスクを知りつつあえて実行していた数馬は、当時にあってはやはり勇気と果断の人であった。もし半公然と行なわれていたとすれば、それを黙認していた世間ないし藩内では、中野数馬という人物への信頼や尊崇の念がきわめて深くて大きかったからであるにちがいない。

【付記】

ここでは、中野数馬の情愛に満ちた言動を、私はいわば称賛の気持ちをもって評価した。既存《きそん》の規律や伝統だけに縛られない自由な発想と柔軟な処理のできる人物だと考えるからである。しかし、規則が重んじられる組織の中で、こうした独自性が発揮される場合、なんらかの重大な問題が生じないとはいえない。慈悲深い数馬の施策が、他の人々から独立して彼だけによって遂行されるなら、明示的な掟や伝統に従う彼以外の究《きわ》め役（咎人の罪を究明する役人）または判決に関与する幹部重臣が決定し申し渡す刑は、総じて過酷だ（時には無慈悲だ）と評されるであろう。1人だけが行なう温情ある判決は、その前後における一貫性・整合性を崩す危険性があり、結果的に罪刑の不公正、および罪人の処遇の不平等性を引き起こしてしまう。近世的家産官僚制という性格の濃厚な藩組織では、当然こうした相克《そうこく》・矛盾が生まれやすくなっている、という冷厳な現実にも、われわれは注意をはらわなければならない。

二　藩組織強化のための若侍教育

上に見たように、主君への諫言・上申の行為、藩内での亀裂修復や融和促進などが、家老・年寄役のきわめて重要な任務でありつづけたが、御家長久のためには、それにもまして、すぐれた家臣を育成・輩出する仕事を片時なりとも疎《おろそ》かにすることはできなかった。前稿でとりあげた多久茂辰《しげとき》─鍋島元茂対談でも触れたことだが、茂辰の「御家は何事にて崩れ申すべきやと思召され候や」という問いにたいして、小城藩主元茂が「多分我等共が子孫より崩し申すべし」と答えたとき、御家長久の可否は、鍋島家の構成員たる優秀な武士層がどれほど永く継続的に養成されるかにかかっていることが、両者の間で共通に確認されていたといっていい。

『葉隠』にも、家老・年寄役の切実な思いを代弁するしかたでこう述べられている。「御家中に、よき御《ご》被官出来候様《ひかんできそうろうよう》に人を仕立《した》て候事、忠節なり。志ある人には指南申すなり。我が持分《もちぶん》を人を以て御用に立つるは本望の事なり」〔聞書一・125〕（ご家中にすぐれたご家臣ができるよう育成につとめることは、真の忠節である。志のある人を教え導いてあげようと思う。自分の持っているものを他人のために役立てることができるのは、まさに本望である）

御被官（＝鍋島家臣）の養成が藩の将来にとってどれほど重要か、どれほど大切な忠義の奉公となるかを、常朝が骨身に沁みて感得していたことを物語る記述であろう（その肝要さを知るがゆえに、自分自身もその栄誉ある仕事に参画したい、との率直な願いがここに告白されている）。

（二）奉公人道に即して

とはいえ、家老・年寄役による若侍への教育という場合、その中身は、私が再三強調している「武士道」（ないし武道）と「奉公人道」との両面が等しく重視されていたことを看過してはならない。この二つの道のうち、後者の奉公人道について、どんな教育が行なわれていたかを、まず瞥見《べっけん》してみよう。

中野数馬（利明）の父、数馬（政利）〔3〕は奉公人道をめぐる優れた智慧・工夫について、こう述べている。

註〔3〕中野数馬（政利）兵右衛門は、勝茂公時代は加判家老および年寄役を務め、光茂公時代にも年寄役を務めた、藩内きっての実力者であった。

「中野又兵衛〔4〕に同数馬教訓の事　又兵衛奉公初《はじめ》、数馬申され候は、『皆人《みなひと》幼少の時いろはを習ひ、その後段々手本を習ひ候へば、よしあしはあれども、物かかぬ者はなし。奉公も手本を置いて習ひ候はば、奉公人になり申すべく候と存じ候。諸人《しょにん》気が附き申さず候故、奉公方不調法《ぶちょうほう》に候』と申され候に付、『手本には誰を仕《つかまつ》るべきや』と、又兵衛尋ね候へば、『山崎三郎兵衛などにてこれあるべく候』と申され候。それより万事《ばんじ》三郎兵衛を見まね仕り候。

（中略）又兵衛老後にこの事を申し候て、数馬手本の事を申され候に付、今にその心失はず、万事の上に付、心に僉議仕り候由、申され候となり」［聞書九・14］

註〔4〕名は政良。中野神右衛門清明の六男で、重澄の弟であり、常朝の叔父にあたる。弓の達人だった。

（中野又兵衛＝政良＝に中野数馬＝政利＝が教訓を与えたこと　又兵衛が奉公し始めたころ、数馬は「人はみな幼いとき、いろはを習う。その後だんだんと手本を見て習っていくから、上手、下手はあるが、文字が書けないという者はいない。奉公も手本をおいて見習っていけば、いっぱしの奉公人になっていくものだと思う。人々はそれに気がつかないから、奉公がうまくいかないのだ」と申された。又兵衛が「だれを手本にしたらよいでしょうか」と尋ねたので、「山崎三郎兵衛（蔵人《くらんど》）などがよいであろう」と申された。それ以降又兵衛は、万事山崎三郎兵衛を見習いつづけていた。（中略）又兵衛は老後にこのことを語り、数馬が手本のことを教えてくれたので、今でもその心を失わず、万事にわたって手本ならばどうするかを考えて行動するようにしている、と申されたとのことである）

当時、若い侍がお城勤めを始めるとしても、勤めの基礎を修得するための、今日のような公的な職業訓練機関が整備されていたわけではない。仕事の中身・言葉使い・立居ふるまいについての、先輩武士からの直接的な指導や伝達がいちばんの頼りとなる。なにより奉公人としての目的・使命については、奉公人道を深く究めたベテラン侍の思想と行動を手本とせざるをえない。見て学び、訊いて学び、まねて学ぶ、のである。数馬（政利）は、その最上の見本として、そのころ（光茂公時代）年寄役であった山崎蔵人《やまざきくらんど》の名を挙げた。山崎蔵人といえば、「見え過ぐる奉公人はわろき」［聞書一・196］（目立ちすぎる奉公人はよろしくない）という言で有名な奉公人道の熟達侍である。まさに典型的な「隠し奉公」の実践者を近くに得て、中野又兵衛は、深い尊敬の念をいだきつつ、生涯その手本に従って藩奉公を勤めつづけた、ことがわかる。

他方、家老・年寄役の側からしても、奉公の主旨や基本倫理、城勤めの諸々の行為について無知無理解な若者たちに対する教育には大きな苦労があった。彼らをどのようにして忠義あふれる奉公人へと導き育てるかということは、藩内の組織運営や藩の将来にとってきわめて重大な仕事ではあったが、その方法や実践は上層部にとってそれほど明確でも容易でもなかったことが推察される。それを効果的にすすめる上で、「奉公も手本をおいて習う」ことの大切さが自覚されたこと、逆に「諸人気が附き申さず候故、奉公方不調法に候」と言われているごとく、こうした有効な方法がとられぬまま、奉公人道がうまく実現していないと反省されていること、が記述されていて、私にはたいへん興味深い。

もう一つ、山崎蔵人がとった行動で考えさせられる聞書がある。研究者にそれほど注目されていないが、私は確たる奉公人道を継続させる上での措置として、なかなか味わい深い逸話だと受けとめている。

「山崎蔵人御前《ごぜん》にて申し上げ候儀を小川舎人《とねり》へ申され候事　光茂公御前へ蔵人召し出され、相良求馬相果《あいは》て候に付、代役の事を御工夫なされ候。小川舎人然るべくと思召され候由、御意なされ候。蔵人申し上げ候は、『御意の通り舎人より外には求馬代りに御家老仕るべき者御座なく候。さりながら舎人儀いまだ年若に候へば、のり気さして御用に相立ち申すまじく候。器量者に御座候間、今すこし年を重ね候てより、仰せ付けられ然るべし』と申し上げ候に付、尤もの由御意なされ御前罷り立ち候て、舎人へ蔵人申し候は、『唯今《ただいま》御前にて斯くの如く申し上げ候。左様《さよう》心得申され候様に』と申され候由」〔聞書九・29〕

（山崎蔵人は殿の前で申し上げたことを小川舎人にも話したということ　光茂公は御前に蔵人を召し出されたとき、相良求馬が切腹して亡くなったので、代わりの家老についていろいろ考えておられた。小川舎人が適当ではないかと考えられていることをお話しになった。蔵人は「お話しの通り舎人の他には求馬の代わりに家老職を務められる者はございません。しかしながら、舎人はまだ年が若く、調子に乗りすぎて御用に立たないでありましょう。もともと器量の大きな人物ですから、いま少し年齢を重ねた上で、家老を仰せつけになったほうがよいでしょう」と申しあげたので、尤もだと公も同意なさった。蔵人は、殿の御前から下がって、舎人にたいし、「ただ今御前でかくかくしかじか申し上げた。そなたもそのように心得なされるように」と話されたとのことであった)

光茂―蔵人対談をつうじて、藩主光茂が年寄役の蔵人をいかに信頼しているか、彼の人間評価をいかに高く買っているかを思い知らされる。他方、奉公人道の達人山崎蔵人が、周囲の家臣たちの能力・資質・性格のレベル、それらの長所および短所を見抜いて、組織内でどれほどの働きが可能であり期待できるか、を洞察しうる人物であったこともわかる。蔵人がそれだけの器量や眼力をそなえ、また周囲も「一廉《ひとかど》の家臣」であることを日常的に認めていたからこそ、主君光茂も早々に得心して彼の提案をうけいれたのであろう。

さらに私は、右の聞書中の後半部分に示されている、蔵人がとった行動に、いっそう大きな関心を抱かざるをえない。

蔵人は、光茂との対談で、(切腹して)死去した相良求馬の代わりに、小川舎人を高く評価しながらも、その若さゆえに次の家老職を継がせることには異を唱えたのであった。御前から下がったあと、対談の一部始終をじつに正直に(おそらく「のり気さして御用に相立ち申すまじ」という否定的な人物批評をも含めて)小川舎人本人に伝えている。

私は、封建的で閉鎖的なタテ組織の中で、これだけ人事に関する率直な態度と言葉を表明しえた山崎蔵人という人物に、ある種の驚きを禁じえない。悪くすれば、舎人の家老職就任を既成事実化してしまい、今後の円滑な昇任人事を縛る危険さえある。また、若い舎人には仕事面・人事面で必要以上のプレッシャーをかけることにもなる。だが、蔵人は、それがよく分かったうえで、対談内容をうそ偽りなく、当事者の舎人にも伝えた。舎人自身に対して近い将来家老になるための強い覚悟と明確な目的意識を求めたのであろう。小川舎人という人物がその期待に応えるだけの気概と器量をもち、稀有《けう》の家老・相良求馬に匹敵する後継者になりうる、との強い確信もあったからだと思われる。

以上のように、泰平の時期、治政の英知たる奉公人道を実践した山崎蔵人という人物からは、あるべき奉公人としての姿、目的とすべき奉公倫理の基本、その具体的な工夫や手法があざやかに浮かび上ってくる。

（二）武士道に即して

以上、奉公人道の一端を垣間見《かいま》たが、では、前者の「武士道」の方はどうか。

江戸期、徳川政権の安定化とともに、大きな戦乱が姿を消し、ほとんどの武士が城勤めを中心とした文官的武士の生活を送ることを余儀なくされ、奉公人道だけが彼らに残された生き方・人生目標となったかに見える。たしかに、自分に課された家職の追求・成就、戦場とは無縁の「畳の上での死」が、もっぱら武士の日常になった感がある。

だが、『葉隠』は、それを全面的には肯定しなかった。あくまで戦士的武士の生き方・ふるまい方の継承にこだわった。山本常朝もそうであったが、佐賀藩の家老・年寄役の多くも、その態度を貫こうとしている。上記の「奉公人道」と併せて、戦士的武士の心意気を示す「武士道」の意義をも、彼らはたえず高唱しつづけていることに注意が必要であろう。その意味で、武士道に焦点化された若侍教育も彼らの重大な使命だったのである。

たとえば、勝茂公時代の年寄役中野内匠が「大働き」にこそ自分の人生の意味をみとめ、子の数馬（政利）に「大仕事」をせよ、と次のように諭した時、まさしく武士道精神を忘れるな、との思いからであったことは明らかであろう。

「中野内匠《たくみ》年寄役迦《はず》れ候事　内匠儀、勝茂公御年寄役相勤め罷り在り候が、御手元の役儀《やくぎ》をしては大働きはならぬと存じ立ち、ふつと出仕仕らず候。召させられ候ても、罷り出でず候に付て、浪人仰せ付けられ候。その後御加増《ごかぞう》にて召し出され候。同人子数馬〈前名兵右衛門〉御年寄役仰せ付けられ候。部屋住《ずみ》にて候故、別に五百石下され候故、内匠申し候は、『御膝元《おひざもと》の奉公をして、よき奉公と思ふか。それでは大仕事はならず』と申し候由」［聞書八・15］

〈中野内匠が年寄役を迦されたこと　内匠は、勝茂公のとき年寄役を務めていたが、殿のお側近くでの役職では武士としての大きな働きはできないと思いたち、ぷいとお城に参上しなくなった。殿から招請されても参上しなかったために、浪人を仰せつけられることになった。その後加増を得てお城に召し出された。内匠の子数馬（政利）は父のあと年寄役を仰せ付けられた。部屋住みの身であったので、他に五百石の給与が下されたが、それを知って父の内匠は、「殿のお側近くの奉公をするだけで、りっぱな奉公と思うのか。それでは武士としての大仕事はできぬ」と申された、という〉

中野内匠（茂利）は、鍋島勝茂と同時代の生まれ（1578年）で、勝茂とともに戦国末期の戦乱時代を体験しており、戦士的武士の勇猛精神を保持する曲者《くせもの》（剛の者）であった。自分の任務が殿のお側勤め・城勤めに制限されることに大きな不満をもっていたことがわかる。彼が言う「お膝元の奉公」ではない任務とは、具体的には明言しがたいが、行動的な武士にふさわしい場といえば、鉄砲・弓・鑓《やり》組、火付・盗賊取り締まり、建物・道路普請《ふしん》指揮、治水・農業・灌漑管理、（やや後年になるが）長崎御番、等々であろうか。

太平の世になっても（いや太平の世だからこそ）、主君の意向に逆らってでも武士にふさわしい大働きを希求するその態度には敬服させられるとともに、家老・年寄役レベルのわが子数馬（政利）にその精神を伝えつづけようとする一途な気概に感心する。これと併せて、もう一つ指摘したいことは、仕事に不満を抱いて自分の命令を無視さえした内匠の行状に対して、初めは浪人を命じたにもかかわらず、その後加増してまで再び召し抱えた藩主勝茂の度量の大きさ・見識の高さである。勝茂も、藩内にすぐれた曲者が必要であることを常々理解していたのであり、しかも藩の将来を思えば、家老・年寄職にある者の中でこそ、その種の大物がつぎつぎに輩出《はいしゅつ》されなければならないと考えていた、と私はみている。

（三）中野内匠の場合

若侍教育という点では、この他に内匠《たくみ》にはこんな逸話がある。

「中野内匠組手明鑓《ぐみてあきやり》、足軽《あしがる》、御門番《ごもんばん》等相勤め候節、先づ内匠所《ところ》へ参り届け申し候。番上り候時分、直《ただち》に参り相届け候。その節、『御番は安大事《やすだいじ》のものに候。大儀《ぎ》仕り候間、酒呑ませ申すべき』由にて、早天《そうてん》に徳利《とくり》の冷酒を茶碗にて、八珍酒を肴《さかな》にして呑ませ申され候。爪根《つめね》みがきたる者は以ての外呵《しか》り、『左様に手を汚さずしては、如睦甲冑《じょぼくかっちゅう》、御用に立つまじく候。見たる所も見弱に候。嗜《たしな》み候へ』と申され候。又手足あれ候者には、『扨々《さてさて》一段の事に候。先づ以て男らしく、左様かせぎ候はば、如睦甲冑御用に相立つべく』と酒を強《し》ひ候て、呑ませ申され候」〔聞書十一・101〕

（中野内匠の組に属する手明槍や足軽は、御門番などを勤めるとき、まず内匠の所に行って届け出をした。当番が終わったときにも、すぐに行って届け出をした。そういうとき、内匠は、「御番はたやすいようで重要な勤めだ。ご苦労なことであったから、酒を飲ませてやろう」と言って、早朝から徳利に入れた冷酒を茶碗に注ぎ、珍しいものを肴にして飲ませた。そのさい、手の爪をきれいにしている者には、もってのほかだと叱りつけ、「そのように手を汚さないでいては、平時でも戦時でもお役に立つことはあるまい。見たところ体も弱々しい。酒をもっと飲むように」と言われた。また、手足が荒れた者には、「さてさてすばらしいことだ。なにより男らしくそのように働けば、平時も戦時もお役に立つことまちがいない」

と言って、酒を強くすすめて飲ませた）

この聞書から、私は二つの点をとり上げ、それに注意を促したい。

一つは、佐賀藩の伝統ともいうべき、主従間および上下間の情誼的結合にたいする重視と、その強化のための日常的な工夫・努力である。もう一つは、若侍教育の中で、奉公人道とともに、つねに武士道ないし武道精神の涵養《かんよう》に意が払われていた、という事実である。

中野内匠は、組の者たちに、つね日ごろ、仕事上の激励の言葉をかけたり、酒を飲ませて労《ねぎら》ったりしているが、こうした情による信頼と結束こそが、戦時にあって家来たちの尋常《じんじょう》でない働きを生み出すことをよく知っていた。その点では、藩祖直茂の名言「総じて俸禄《ほうろく》は勝軍《かちいくさ》の時に用に立ち候。負軍《まけいくさ》になり候時は一言の情を懸け候者ならでは用に立たず候」［聞書六・176］（だいたい俸禄というのは、勝ち戦のときに役立つものだ。いったん負け戦にでもなれば、日ごろ情けの言葉の一つでもかけておいた者でないと、役に立たないものだ）という言葉の根本精神をストレートに受け継ぐ武士であった。知行や俸禄以上に、主人からかけられた一言《いちごん》（感謝または労《ねぎら》いの言葉）が、死の覚悟あるいは死をいとわぬ行動を引き出すのである。

山本常朝も、「大将は人に言葉をよくかけよ」という義経軍歌の一節を引き合いにだして、「組被官《くみひかん》にても自然の時は申すに及ばず、平生にも、『さてもよく仕《し》たり、爰《ここ》を一つ働き候へ、曲者かな』と申し候時、身命《しんめい》を惜《おし》まぬものなり。兎角《とかく》一言が大事のものなり」［聞書一・131］（組頭は家来に対して、いざというときは言うにおよばず、平生でも「さてもよくやった。ここのところをもうひと働きたのむ。剛の者だな」と声をかけるとき、身命を惜しまず働くものである。とにかくそのさいの一言が大切なのだ）と言い切っている。常朝がこう主張したとき、中野内匠が日常不断に家来たちへ情あふれる言葉をかけつづけた光景を彼はくり返し想起していたように、私には思われる。こうしてみると、鍋島直茂の言葉、中野内匠の言行、山本常朝の記述は、その内容からいって一直線上に位置しており、「情深《なさけぶか》き一言《いちごん》」がもつ並はずれた威力への注目という点で、3者とも重なり合い響き合っているとみてよい。

二つ目の武士道ないし武道精神の涵養は、終生、内匠が若侍にむけて発信しつづけたメッセージであった。爪根みがきたる者を叱り、「左様に手を汚さずしては、如睦甲冑、御用に立つまじく候」ときびしく教え諭す態度は、先に見た、「お膝元の奉公では大仕事はできない」という「曲者」精神と表裏一体のものといってよい。殿のお側での奉公、畳の上での奉公を公然と拒否した言葉ではあるまいか。もちろん、泰平期にあって城内での事務的文官的な諸業務が必要不可欠となり、それらの円滑な遂行なくして佐賀藩の維持・存続もありえないことは、内匠も知っていたはずである。それでも、武士の中心的な任務をお膝元の奉公に限局することを、彼は潔《いさぎよ》しとはしなかった。武士自らの存在理由の放棄だと見なしたのであろう。武士は自らの戦士的性格を捨て去ってはならぬこと、むしろ積極的にそれを保持し強化することによってのみ、平時でも戦時でも、武士のはたすべき使命を遂行し、不可避の死をも受け入れることができる、と彼は考えていた。彼が言う「大働き」や「大仕事」とは、まさしくその謂《い》いであったと思われる。

（四）中野数馬（利明）の場合

中野内匠が生きた時代は、戦国後期から江戸初期にかけてであった（1578〜1650年）ので、時代的な要請からしても、以上の主従の情誼的結合と曲者的な武道精神の大切さを強調したことは不思議ではない。だが彼の思いは、太平の世がいっそう進行した時代にあって、その子数馬（政利）（1603〜1664年）に、さらに孫にあたる数馬（利明）（1628〜1699年）にも、まちがいなく継承されている。

例えば、数馬(利明)に関して、つぎのような聞書がある。

「物頭《ものがしら》などは、組衆《くみしゅう》に親切にあるべき事なり。中野数馬(利明)大役にて、暇これなく候に付て、終《つい》に組衆の所へ参り候事これなく候。然れども組衆病気か、何事かこれある時は、御城より帰りに、見舞ひ申し候。それ故、組中《くみちゅう》思ひ付き候なり」[聞書一・187]

(組頭の地位にある人物は、組下の者に親切でなければならない。中野数馬(利明)は重要な役職だったので、暇なときがほとんどなく、ついぞ組下の者を訪れる機会がなかった。しかし、組下の者が病気になったり、なにか事があったときは、お城からの帰途に、見舞いに立ち寄った。それゆえ、組の者たちが彼を慕ったということだ)

数馬(利明)が、組の者たちに対してふるまった祖父内匠と同じような情誼的態度と配慮に腐心したことを、見いだせるであろう。多忙だからといって、組衆との心の通じ合いをけっして疎《おろそ》かにはすまい、という情による人間的紐帯《ちゅうたい》の重視がここにはある。組頭―組衆間の信頼感・連帯感を醸成する上での工夫と努力の一端である。その意味で、数馬は配慮の人であった。一方で、戦士的武士に特有の豪傑的精神(曲者魂)を保持しながら、他方で、若い侍に対するこうした細かい心遣いを示すことのできる武士だった。

それと関係するが、切腹した同門の武士にたいする介錯《かいしゃく》を行なった若侍・山本常朝(当時24歳)に、数馬が以下のような誠意あふれる対応を示した有名な話がある。

「澤邊《さわべ》平左衛門を介錯いたし候時分、中野数馬江戸より褒美状《ほうびじょう》遣《つか》はし申され、『一門の外聞《がいぶん》を取り候』と事々《ことごと》しき書面にて候。介錯の分にて、斯様に申し越され候事余りなる事と、その時分は存じ候へども、その後よくよく案じ候へば、老功《ろうこう》の仕事と存じ候。若き者には、少々の事にても、武士の仕業《しわざ》を調《ととの》へ候時は、褒め候て気を付け、勇み進み候様仕《つかまつ》る為にてあるべく候。中野将監よりも、早速褒美状参り候。両通ながら直し置き候由なり。五郎左衛門よりは鞍鐙《くらあぶみ》を送り

申し候なり」［聞書一・16］

（私が澤邊平左衛門を介錯した時分、中野数馬は江戸より褒美の手紙を寄こされた。「一門にとって名誉なことだ」とたいそうな書面であった。介錯くらいで、このように言ってこられるのは大げさなことだと、その時分は思ったけれども、その後よくよく考えてみると、いかにも老巧な人のやり方だと思うようになった。若い者には、少々のことでも、武士にふさわしい所業をなした時には、褒めて意気を高め、勇んで猛進するようにしてやるためであろう。中野将監からも、さっそく褒美の手紙が届いた。2通の手紙とも、残し置いてあるとのことである。山本五郎左衛門からは鞍と鐙を送ってきた、と）

数馬が若い常朝に「一門の外聞を取り候」旨の褒美の手紙を送ったとき、果敢に侍の義務をはたした常朝の行為を労ったというだけでなく、文官侍であっても、武道精神を堅持し発揮してほしい、との強い願望があったことはまちがいない。中野将監からも褒美状が送られた、という事実もそれを証している。当時（光茂公の時代）、数馬は加判家老であり、将監は年寄役であった。藩の重鎮《じゅうちん》たちがわざわざ送り届けたのは、奉公人道だけでなく、武士道の継承者であれ、という強いメッセージにほかならない。

常朝にもそれがわかっていたのだと思われる。2通の手紙を大切にしまって置いたという所為《しょい》には、介錯とそれへの称賛は武士・山本常朝にとっての大きな誉れだという意識、2人から期待されたのは武士道堅持の姿勢だという理解があったからであろう。

その他にも、『葉隠』には、数馬が若い頃から大胆で手荒い素行で有名だったことが紹介されている。例えば、勝茂公との鷹《たか》狩《が》りのさい、自分の指の傷には頓着《とんじゃく》せず、獲物《えもの》の鶴を抑えながら、お突きなされ、お突きなされ」と申しあげた、という逸話、死罪に処せられた者があれば、処刑場に行って首や胴などをもらいうけ、自宅の庭でさかんに試《ため》し斬《ぎ》りをした、という逸話など。［聞書七・22］　戦場以外にあっても、武士の戦闘性や暴力性に大きな意義を認め、それを尊重しようとする記述である。いや、より正確に言えば、いつなんどき発生するかもしれぬ武力的事件にさいして、武士が躊躇《ちゅうちょ》なく立ち上がり突き進むことができるよう、覚悟と準備を怠るな、との呼びかけだ、と受けとっていい。

（五）武士道と奉公人道の共存・継承

　数馬（利明）に典型的にみられるように、中野一門が輩出した家老や年寄役の面々は、泰平の時代になって、主君のお側勤めや城勤め、家職の遂行を意味する「畳の上の奉公」（奉公人道）だけを強調したわけではなかった。戦闘的な武士道、武力を軽視しない武道精神の必要性を訴えつづけ、また武の伝統を喪失しないよう全身全霊で若侍を教育している。

　平和な時代が到来したのに、どうしてか。それは、時代錯誤ではないのか。

　社会の実情はけっしてそんなに甘くなかったのである。私は既刊『『葉隠』の研究』の中で、「徳川泰平期での生死の危機」のテーマのもとに、「生死を賭ける戦場がなくなったとはいえ、それに準ずる深刻な危機、ないし死をめぐる切迫した局面は、なおしばしば発生した」ことを指摘し、その具体的中身にたちいってくわしく論述した。

　まずは、暴力をともなう喧嘩《けんか》、刃傷《にんじょう》沙汰《ざた》、家族・親類や主君の仇討《あだう》ち、である。『葉隠』の前半部の聞書一、二や、後半部の聞書七、八、九、十の箇所は、そうした事例に満ちている。さらには、家督《かとく》相続や藩内不祥事を契機としたお家騒動、農民の一揆と武力による抑止、国政・藩政をめぐる幕府との権力的対立などが発生する可能性があり、幕府の命令による国替え・所替えの措置もありえたことである。加えて佐賀藩は（福岡藩とともに）「長崎御番」という特別任務を与えられ、異国に対する武力の備えを常時必要としており、異国からの万が一の侵攻のさいには、武士た

ちは戦闘および戦死の覚悟を強いられていた。〔以上、種村完司『『葉隠』の研究』40～47頁、281～290頁を参照〕

このように常朝の生きた時代も、その後の江戸中・後期の時代も、けっして「泰平の奉公人道」だけの時代であったのではない。だからこそ、藩主や重臣たちは、藩内の武士に対し、たえず高い緊張感をもって武道精神の涵養・堅持を求めつづけなければならなかった。

以上のような錯綜《さくそう》した複雑な時代的社会的背景を十分考慮して、『葉隠』を読む必要があり、また、この書物に登場する佐賀藩の家老・年寄役が示した、特色ある思想と言行の歴史的意味をとらえる必要がある。『葉隠』のうちにも、家老・年寄役のうちにも、共存する武士道と奉公人道の両側面が明瞭に浮かびあがっており、そのどちらを欠いても、この書の理解、彼らの言行の理解は、貧しく一面的なものになってしまう、というのが私の考えである。

【謝辞】

『葉隠研究』誌第88号に寄稿した拙論の最後に、光茂公時代の年寄役であった中野将監の切腹をとりあげ、「私はその真の理由や歴史的背景をいまだ把握できていない」と述べ、「どなたか、この件に関する資料ないし文献をご存知であれば、お教えいただきたい」と記した。私のこの要請に応えるかたちで、『葉隠研究』誌第89号に大園隆二郎氏が「中野将監と山本常朝最初の養子中野安明について」と題する論文を執筆され、その中で木下喜作氏をはじめとする重要な先行諸研究を紹介してくださった。さらに中野将監の罪状と顛末《てんまつ》をめぐって、枝吉神陽が中心となって編纂《へんさん》された『葉隠聞書校補』の中で言及されている記述、『元武公御年譜付録』の「中野将監切腹雑説」に見られる記述などを、ていねいに紹介されている。おかげで、藩主光茂による愛妾《あいしょう》執心問題、当時の藩内の厳しい財政事情や不協和、幕府と佐賀藩との緊張関係の実態など、将監切腹の経緯と背景を、私はかなり明瞭に認識することができた。大園氏の誠意あふれる学問的な示唆・助力に、この場で心から感謝申しあげたい。史料面での制約があり、当時の佐賀藩政の闇の部分でもあって、この将監切腹事件には、なお不審な点、未解明な点が残されている。全容や真相の解明はきわめて難しいが、私自身も今後この事件に関する研究をすすめ、いつか機会を得て、私なりの研究成果を公けにしたいと考えている。

家老・年寄役の思想と言行（その四）

一　家老・年寄役における服従と自律

『葉隠』の基調は、たしかに情誼的《じょうぎてき》な主従関係に高い価値をみとめ、主君および御家にたいする家臣の没我的な忠誠や献身的な奉公をうたっている点にある。「夜陰の閑談」の箇所で言われているように、「御懇《おねんご》ろに召し使はるる時は、いよいよ私《わたくし》なく奉公仕《つかまつ》り、浪人切腹仰せ付けられ候も一つの御奉公と存じ」るほどの高い覚悟をもった鍋島侍の育成・出現が称《たた》えられるのも、その理念に立脚するからである。

徳川泰平期に入って、大半の武士の職務が文官的なものとなり、しだいに戦士的な性格を希薄にせざるをえなくなっていったが、それでもやはり武士は武士であった。上意下達《じょういかたつ》の組織の中で、主君にたいする無条件の服従だけに生きたわけではない。武士としての自覚をもちつづける者は、彼自身が三民(農・工・商)の支配者であることを自負するゆえに、他の被支配階層とくらべてより強烈な自我、より堅固《けんご》な自律性を保持する社会的存在だった。

『葉隠』を読みすすめていくと、聞書の各所に登場する武士たちは、たしかに主君や藩に忠誠をつくす、自重《じちょう》の精神や自己抑制の倫理にひいでた人物類型の範囲内にある。だが、時と所によっては、しばしば自重や自己抑制を踏み越えるような熱いエネルギーを発揮している。口述者・山本常朝も、無条件の没我的忠誠を讃《たた》えながら、没我・献身の中にある、抵抗の意志や自律の精神をも描いていることに注目すべきであろう。それは、絶対的な服従の行為とは一線を画す、厳とした異質性・特殊性の顕示《けんじ》である。次の一文などは、その代表的なものといってよいだろう。

「内気にようき〔1〕なる御主人は随分《ずいぶん》誉め候て、御用に越度《おちど》なき様に調《ととの》へて上げ申す筈《はず》なり。御気《おき》を育て申す所なり。さて又、御気勝《ごきがち》、御発明なる御主人は、ちと、御心《おこころ》置かれ候様に仕懸《しか》け、この事を彼者《かのもの》承り候はば何とか存ずべしと思召《おぼしめ》さるゝ者になり候事、大忠節なり。斯様《かよう》の者一人もこれなき時は、御家中御《お》見《み》こなし、皆手《みなて》揉《も》みと思召され、御高慢出来《でき》申し候。上下に依らず、何程善事《ぜんじ》をなし候ても、高慢にて打ち崩すなり。右のあたりに眼のつく人なきものなり。求馬《きゅうま》、吉右衛門《きちうえもん》などは確かに見知らせ申して置きたる者どもなり」〔聞書二・12〕

註〔1〕「ようき」を「陽気」と解す研究者もいるが、凡庸な器を意味する「庸器」の方が適切と思われる。

（内気で凡庸な主君にたいしては、たえず誉めてさしあげ、過ちのないようにお支えしなければならない。御気力を強くするためである。他方、勝気で聡明な御主人にたいしては、少しだけ自分に気がねをされるように仕向け、「このことをかの者が聞いたら何と考えるだろうか」と思われるような者になることが、大忠節である。このような者が一人もいない時、主君はご家中の者を軽く見なし、家臣みなを追従《ついしょう》者だと思われ、高慢におなりになってしまう。地位の上下に関係なく、どれほど善いことをしても、その高慢心で失敗することになる。こうしたことに眼をつける人はいないものだ。相良求馬や原田吉右衛門などは、たしかに主君に一目置かせた者たちであった）

そもそも人間的に完成された殿様などいないわけだから、お側の者は、当人の長所を伸ばし、短所を補うために、つねづね細心の注意をはらいつつ、その個別の性格に見合った支えかた・尽くしかたに努める必要がある。その努力は尋常なものではあるまい。ここで興味深いのは、内気で凡庸な殿以上に、勝気で聡明な殿への適切な対応や心遣《づか》いが、とくに重視されていることである。後者の性向がより強い殿は、概して自信過剰に陥りやすく、高慢で独善的になりやすい。こういう態度が日常生活から政務の場面に移されてゆけば、必ずや大きな施策《しさく》の誤り、藩統治の失敗がひき起こされるであろう。

そうした過失の源泉は、なにより献身的に支えてくれる家臣たちを自分にへつらう者ばかりだと見なし、周りからの意見具申や助言を軽んずる横柄《おうへい》な日常的態度のうちにこそある。それを防止するには、家臣は家臣で、殿からの一定の敬意と信頼を得ている存在、必要な時に「かの者の見解をぜひ訊《き》いてみたい」と思わせる人物にならなければいけない。だからこそ、お側の者にたいして「(殿が）御心置かれ候様に」仕向《しむ》けることの大切さが強調されているのである。

とりわけ、諫言の権限をもった家老や年寄役は、まさに殿をして「敬意を含んだ気兼ね」を感じさせる存在になるべきことが要求されている。この箇所で挙げられているのは、相良求馬と原田吉右衛門の2人であるが、前者は、光茂公時代に加判家老《かはんがろう》および年寄役を務めていたし、後者も、光茂公時代には加判家老、綱茂公時代には年寄役を務めていた。日ごろの彼らの言行は、主君をも多少遠慮させるほどの堂々とした雰囲気、人々を納得させる物言いであったことが想像される。だからこそ、常朝による鋭い重臣観察ないし人物批評をクリアした結果、『葉隠』の中で、主君に「見知らせ申して置きたる者」の代表的な家老衆として評価されるにいたったのだ、と思われる。

もう一つ指摘しておきたいことだが、ここには、藩主という職や地位への絶対的な尊重・敬服が示されている一方、藩主自身の人間性や言動にたいする批判的な眼差《まなざ》し、知的な批評精神が、まがうことなく浮かび出ている。藩主の言うこと・なすこと、その何もかもすべてを無批判に受容し、それらに服従したわけではないことが明らかであろう。「藩主ないし主君の相対化」という視点や態度、およびその継続的な重視は、武士の自律を生み出す源泉であったとともに、武士の自律からの結果であった、と言いうる。もとより、この相対化の視点や態度の成立については、幕藩体制下で構築され整備されていく各藩の家産《かさん》官僚制的組織の中で、御国《おくに》の永続性（＝御家長久《おいえ》）こそが至上目的となった、という歴史的背景を見落とすことはできない。個々の藩主より「御国」や「藩」という組織を重視し優先する論理によって、藩主の相対化も可能になったからである。

主君を乗り越えかねない強烈な武士的個我は、戦国末期や江戸初期の佐賀領国には、すでにもっと鮮烈なしかたで存在していたことを、指摘しておこう。

「主水《もんど》殿末期《まつご》に安芸《あき》殿へ咄《はなし》の事　（前略）主水殿申され候は、『今五年過ぎ候はゞ、大坂に一乱出来《らんでき》申すべく候。当時の様子を考ふるに、その時が天下の弓矢の仕舞《しまい》にてこれあるべく候。然れば、我人《われひと》かせぎ申す時節に候。我存命《ぞんめい》ならば一番乗りをして殿に加増《かぞう》させ申すべくと存じ居り候へども、本望《ほんもう》を遂げず残念の事に候。大坂の城は名城なれば、乗り落とすこと成りがたし。我数年伺《うかが》ひ考へて、たゞ一所《どころ》見付け置きたり』と申され候。安芸殿これを承られ、『御心安く候へ。御死後に某《それがし》乗り落し申すべく候。乗所《のりどころ》は何方《いずかた》にて候や。御教《おんおし》へ召し置かれ候様に』と申され候。主水殿申され候は『弓矢の事は、其方《そのほう》とても我等《われら》にかはる事なし。それにて成る事にあらず。功を積みて、人にゆるされねばならぬ事なり。殿を自由に扱《あつか》ふ事、其方は我等が様にならず。今こそ城の乗りしほと思ふ時、その儘《まま》乗らねば、人もかせぎて早乗るなり。其方乗り落とすべしと申し候ても、殿を初め、人が請《う》け合《あ》ひ申すまじく候。例《れい》のねば口《ぐち》十右衛門〔2〕などが、大事でござる〳〵と云ひて、御僉議《ごせんぎ》初めたらば、その間に人が乗つ取るべきなり。我等存生《ぞんしょう》に候へば、殿にも人にも構はず、その儘乗り落とすなり。（後略）』と申され候」［聞書八・83］

註〔2〕『校註　葉隠』によれば、成富兵庫成安のことであろう、と。十右衛門という通称をもち、粘っこい物言いをする人だとの世評があったためか。

（主水殿が死の直前に安芸殿に話されたこと　（前略）　主水殿は、『これから五年も経てば、大阪で一大合戦が起こるであろう。その時の状況を考えると、それが天下の戦《いくさ》の最後となるにちがいない。それゆえ、誰もがその機会に大働きをしようとするだろう。自分にまだ命があれば、一番乗りをして手柄を立て殿の加増を実現しようと思っていたが、そうした本望を遂げることができず残念なことだ。大阪の城は名城であるから、攻め落とすことは難しい。自分は数年の間調べて考えぬき、ただ一カ所を見つけておいた』とお話しになった。安芸殿はそれをお聞きになり、『ご安心ください。亡くなられた後には、私が攻め落としてみせましょう。攻撃の箇所はいずこがよいか、教えておいてくださいますように』と話された。主水殿は、『戦のことについては、その方も私とくらべて優劣はない。だが、それだけでうまくいくことではない。功績を積んで、人々から認められなければならぬのだ。殿を自由に扱うこと、それをその方は私のようにまだできていない。今こそ城に攻め込む潮時だと思う時、その勢いで一番乗りをしなければ、人も必死になってわれ先にと攻め入るだろう。その方が攻め落とそうと言っても、殿をはじめその他の人々が承知することはあるまい。例のねば口十右衛門などが、『大事でござる、大事でござる』と言って評議を始めたりすれば、その間に他の人が一番乗りをしてしまうにちがいない。自分がまだ生きておれば、殿にも他の人にもかまわず、そのままの勢いで攻め落としてみせるだろう。（後略）』とお話しになられた）

豊臣家が滅亡した「大阪の陣」勃発のおよそ5年前、重篤《じゅうとく》な病にかかっていた鍋島主水茂里《しげさと》が死に臨んで弟安芸守茂賢《しげまさ》に語った言葉である。茂里は大阪の役が必ず起こるだろうことを予測し、大阪城を攻め落とすにはどこをどう攻めたらよいか、についてあらかじめ私見を提示していたのである。そのさい、他に先んじて一番乗りをはたし、自力で手柄を立てて鍋島家に栄誉をもたらす覚悟であったことを披歴している。攻め口を教えてもらえれば、自分がその重大な役割をはたすつもりだ、と弟茂賢は述べたのであるが、それにたいして茂里が「殿を自由に扱う事、其方は我が様にならず」と応答した上記の言は、戦士的武士の自律性を浮かび上らせる、じつに注目に値する記述ではないだろうか。〔3〕

註〔3〕常朝は、「御心入《おんこころいれ》を直し、御国家《ごこっか》を堅《かた》め申すが大忠節なり。一番乗《のり》、一番鑓《やり》などは命を捨ててかかるまでなり。その場ばかりの仕事なり。御心入を直し候事は、命を捨てても成らず、一生骨を折る事なり」[聞書十一・28]と述べ、側役として一生献身的に奉公する苦しさ・難しさに比べて、戦場での一番乗りや一番鑓を過小に評価している。しかし、一番乗りが長い戦歴や武功、殿や他の武士からの信頼獲得の結果であって、けっしてその場ばかりの仕事でないことは、上述の経験豊かな主水茂里の言をふまえれば、確かなように思われる。

もとより、「殿を自由に扱う」とは、主君を政治的または人格的に支配するなどという意味でないことは、明らかであろう。重大事に直面した時でも自分の意見を受け容れてもらえる（戦であればおのが戦術を採用してもらえる）ほどに、日ごろから主君に信頼され尊重されている、という自負の表われだと思われる。だがそれにしても、家臣にはふさわしくない上から目線の、傲慢《ごうまん》とも受けとれるような言い方である。戦国武将の曲者《くせもの》ぶりをいかんなく発揮している言葉だといってもいい。

ただし、そこには、佐賀藩なりの特殊性があったことにも注意が必要だ。当時の主君の座は、藩祖直茂が隠居したのち、すでに第1代藩主勝茂に継承されていた。この聞書が描いている茂里―茂賢対談のころ、主水茂里は42歳に、茂賢は40歳になっており、他方、殿の勝茂は31歳で、茂里より10歳以上も下であった。こうした年齢差も、茂里の発言の背景にはあったにちがいない。

さらに言えば、鍋島家の草創期、鍋島茂里は藩祖直茂の娘の婿養子（横岳《よこたけ》鍋島家祖）であり、鍋島茂賢は深堀《ふかぼり》鍋島家祖であって、佐賀藩主勝茂のかなり近い親戚であるとともに、藩政運営に無視しがたい影響力をもっていた。茂里が「殿を自由に扱う」という言葉を、面と向かって言うことはなかったにせよ、内々にそうした自重・自負の言動をもって藩内に勢威を示していたことは、想像に難くない。ともあれ、佐賀藩固有のそういう特殊事情があったにせよ、忠誠対象の主君を揺り動かすだけの（家老級の）武将・重臣の強烈な自我が表明されることが少なくなかったことは、長く記憶されてよいと考えられる。

二　「一目置かせる者」必要論の常朝への投影

上の第一節で挙げた、主君に「見知らせ申して置きたる者」だと感じさせる相良求馬や原田吉右衛門のような存在は、家老・年寄役の職務を担う者だけに限られてよいわけではなかった。『葉隠』の中で、常朝は、それが一般の家臣にも必要とされる態度・心構えでなければならぬ、と強調していることに注目したい。それを端的に言い表わしているのが、次の文である。

「主人にも、家老年寄にも、ちと隔心《かくしん》に思はれねば大業《たいぎょう》はならず。何気《なにげ》もなく腰に付けられては働かれぬものなり。この心持《こころもち》これある事の由」［聞書二・94］

（主君にも、家老や年寄役にも、少し遠慮されるような人間でなければ大仕事はできない。何とも思われず腰巾着《こしぎんちゃく》のようになっていては、十分な働きはできないものだ。こうした気概をいつも持っていなければならない、と）

主君であれ幹部重臣であれ、上位の者に、腰巾着のように見なされ扱われる家来のあり方にたいする強い拒否姿勢が、ここに出ている。それは、「ちと隔心に思はれる」存在を志向する堅固な意志の表明である。この言葉の背後には、服従の中での自律、上意下達の中での譲れない武士の主体性へのこだわりが感じられる。一目置かれ、少し遠慮を感じさせる所為《しょい》は、主君との関係で家老・年寄（いわば特別職）にのみ求められるだけでなく、主君や家老・年寄との関係で一般家臣にも求められるべき奉公の態度であった。

これと同じ趣旨の文がある。一般の家臣にむけたものというより、とくにお側役の侍にむけたものであり、それゆえ常朝自身の奉公道のあり方やその意義を鋭く問い直すような記述だ、といってよい。

「主人にも何気もなく思はれては、大事の奉公はされぬ物なり。このあたり一心の覚悟にて顕《あら》はるるなり。御叱《おしか》りの時は、御悪口《ごあくこう》のみ仰《おお》せ出《いだ》され候へども、終《つい》に御悪口に逢ひ申さず候。若殿様は主人を見限りさうなる者と度々御意《たびたびぎょい》なされ、本望と存じ居り候。光茂公御《ご》卒去《しゅっきょ》の時分などは、我等申し上げ候事は少しも御疑《おうたが》ひこれなく候由」〔聞書二・76〕

（主君に何ということもない者と思われては、大事の奉公はできないものだ。そこに一心の覚悟があれば、おのずと主君の眼にもとまるものである。お叱りをうけるときは、悪口ばかりお仰せになられるものだが、私はついに殿の悪口に出会ったことはなかった。若殿（綱茂公）は、私にたいして『主人を見限りそうな者だ』と度々仰せになったが、それで本望だと考えていた。光茂公が逝去される頃など、私が申し上げたことは少しもお疑いなされなかった、とのこと）

ここで言われている「何気もなく思はれている者」とは、すでに指摘された「手揉みと思召される者（＝追従しへつらう者）」「腰に付けられている者（＝腰巾着のようになっている者）」などとほぼ同類の家臣を意味しているであろう。そうしたお側役は、一心の覚悟をもたぬゆえに、肝心な時と所にあって大事の奉公ができない、と常朝はみている。言うべき時に言い、なすべき時になしうる、至高の覚悟をもつお側役侍が要請されているのであり、その種の侍こそは、つね日ごろから、「見知らせ申して置きたる者」ないし「ちと隔心に思はれる者」にほかならなかったのである。

山本常朝はまさしく、お側役の職にある間、この「見知らせ申して置きたる者」「ちと隔心に思はれる者」の価値を信じ、懸命にそうした存在をめざしたのだ、と考えられる。とはいえ、日ごろからこれだけのすぐれた覚悟をもつお側役侍は、上位の者から、あるいは周囲の者から、煙《けむ》たがられ誤解される恐れがないとはいえなかったであろう。在職中に常朝が若殿より「主人を見限りさうなる者」と言われた、という右の一文は、それを示しているのではあるまいか。

それにしても、「見限りさうなる者」という表現は、読む者に少なからず衝撃を与える。「主人を見限る」とは、主人の言動や命令に納得できず、主人の許《もと》から立ち去ることを意味する。それは、主人に対する批判精神があってできることであろう。没我的忠誠とは対極にある（あるいは没我そのものを覆《くつがえ》す）、お側役侍の自主的な判断、自律的な行為である。もちろん、常朝の信条としては、主君の非を顕わさず、最後まで徹底的に主君を擁護しつづける、という「隠し奉公」があるから、主君を見捨てて側役を放棄することはありえない。だから、主君への異議・批判は、あくまで自分の心奥《しんおう》に収めざるをえない。最終的には、「見限りたくとも見限らない」というのが、常朝の結論であり、とるべき態度である。だとしても、ここには、なんと主君への厳しい眼差しが含意《がんい》されていることだろうか。

さらに私が驚くのは、若殿からそのように言われてなお、常朝が「本望と存じ居り候」と応じ、自分の内面をすなおに告白していることである（もっとも、これは若殿に面とむかって答えた言葉ではなく、心のうちで発せられた独語《どくご》であろう）。「見限りそうな家臣」と思われることに、常朝は、なんらかの恐れや動揺を示すどころか、「それはそれでよい」という、一種の開き直りの態度をもって受け止めている。そこに見られるのは、奉公人としての誇りと自己満足といったものであろう。若殿からのそういう人物評価は、主人のお側にあって、けっして腰巾着的な存在、へつらい的な存在ではない、と見なされていることの明白な証《あかし》だからである。このように「本望」という言葉のうちに、私は、常朝の武士としての譲れない意地、頑固なまでの内面的な自律性の発露《はつろ》を見ないではいられない。

三　『葉隠』および常朝自身における服従と自律

（一）常朝における強烈な自我表出

『葉隠』はいろいろな角度から読まれ、ときにはあい対立する側面が指摘され評価されてきた。武士の戦士性と文官性、直情性と合理性、羨望・嫉妬と諦念《ていねん》、無分別と理知、節欲と身養生《みようじょう》、宗教性と非宗教性、等々。それらと並んでとくに主従関係に焦点を当てると、くり返しになるが、その中心はなんといっても、一方で家臣による主君への没我的忠誠（ないし滅私的献身）であり、他方では、その行為のうちに現出してくる、忠誠主体たる家臣個人の強烈な自我であり、堅固な自律性である、と考えられる。両者は明らかに矛盾する。並び立つことのない二律背反《にりつはいはん》の関係にある。にもかかわらず、この二つは鋭く矛盾し合いながらも、統一ないし融合している。拙著で語ったように、「服従と自律との矛盾的統一」と呼ばざるをえない深い内的相関なのである。『葉隠』解釈では往々にして、下から上への没我や献身が注目されるが、上述したような「一目置かせる」家臣のうちに象徴される、武士に特有の自律的主体的行為が含まれていなかったならば、じつは没我も献身もまったく空疎《くうそ》で平板《へいばん》きわまりないものになったであろう。

常朝は、『葉隠』の処々で、家老・年寄役の自律性だけでなく、藩士たちの自律性の姿を描き出し、また日々それを追求すべきことを鼓舞《こぶ》した。たしかにその自律性は、御家長久という大目的を志向しそれに収《しゅう》斂《れん》されるという時代的制約（＝封建倫理の遵奉《じゅんぽう》と遂行）を免れてはいなかったが、その枠内では望みうる最高の充実と緊張感をそなえたものだった。もとより常朝は、この自律性を自分以外の他の武士たちに期待し要求しただけではない。彼自身が、まさに在職中その当事者として、自律的行為の主体たらんとしたことである。山本常朝という人物は、『葉隠』やその他の著作をとおして、終始一貫して武士の自律的行為の唱道《しょうどう》者であり代弁者でありつづけた。しばしば引用される有名な次の記述のうちに、明確な目的意識を伴った強烈な自我表出の典型としての常朝像を見いだすことは難しくない。

「奉公の至極《しごく》の忠節は、主《しゅ》に諫言して国家を治むる事なり。下の方にぐどつき廻《まわ》りては益《やく》に立たず。然れば家老になるが奉公の至極なり」〔聞書一・140〕

（奉公における最上の忠節は、主君に諫言して国家を治めることである。下の地位でぐずぐずふるまっていては役に立つことがない。であれば家老になるのが奉公の極致《きょくち》である）

「人は立ちあがる所なければ物にならず。人より頭《かしら》を踏まれ、ぐず〳〵として一生果《はた》すは口惜しき事なり。誠《まことに》夢の間なる、はつきりとして死にたきことぞかし。ここに眼の附くは稀《まれ》なり」〔聞書十一・142〕

（人は立ち上がることがなければものにならない。他人から頭を踏まれ、ぐずぐずとして一生を終えてしまうのは、口惜しいことだ。まことに夢のようにはかない一生だから、明瞭な自覚をもって死にたいものだ。ここに目をつける者はごくまれである）

おのが人生の中で明確な行動目的をもつこと、武士であれば、戦時（および御家の危機）には後《おく》れをとることなく敢然と立ちあがり、平時には主君への諫言に命をかけることがうたわれている。もちろん、つね日ごろから、それにむけての強い覚悟と周到《しゅうとう》な準備が必要となるだろう。だからこそ、なにより常朝が嫌悪《けんお》し唾棄《だき》するのは、目的も覚悟もなく日々を過ごし、「下の方にぐどつき廻る」「ぐずぐずとして一生果たす」という没主体性・無自覚性である。

だがこれに関連して、すでに本論（その一）〔『葉隠研究』誌第88号所収〕で言及した、「奉公名利《ほうこうみょうり》」思想に立脚する「家老への出世」が、若き常朝の新たな人生目的となったことを読者には思い出していただきたい（本書7—9頁参照）。だからこそ、決意あふれる常朝の上の言葉には同時に、高い志をかかげながらも、自分が身を置く藩組織の中で、かんたんには目的を達成できぬ乗りこえ困難な身分的障壁《しょうへき》の自覚と、そこからくる激しい焦燥感《しょうそうかん》をも読みとることができる。「人より頭を踏まれ」たままで、ぜったい生涯を終えたくない、という激しい情念が噴き出しているのである。

その意味では、山本常朝のいう主体性・自律性の背景には、複数の葉隠研究者が指摘しているように、彼自身の身分・職位の特殊性があったことを改めて確認する必要がある。

周知のように、山本常朝は、数多くの家老や年寄役を輩出した名門中野一門に属してはいたが、自身はその傍流《ぼうりゅう》の家柄《いえがら》であった。職位も殿のお側役にとどまりつづけ、当初は切米《きりまい》数十石を拝領《はいりょう》する小身者であった。それゆえ、若いころから、彼には「小身無足《しょうしんむそく》」者〔4〕の意識が強く、この身分からの脱出欲求もきわめて強かったと考えられる。

註〔4〕「無足」とは、知行地を所有せず、切米（蔵米）を支給されて生活する身分の低い武士のことをいう。

その低い侍身分であっても、いや低い身分であったからこそ、藩政を担って主君や御家のために働きたい、という願望が人一倍強烈でもあった。いくどか『葉隠』に登場する「我は殿の一人被官《ひかん》なり」とか「御家《おいえ》は我一人して抱《いだ》き留《と》め申す」という、一見高慢ともみえる発言は、彼の「小身無足」身分をぬきにしては考えられないものだった。〔5〕

註〔5〕相良亨『武士の思想』（ぺりかん社）、小池喜明『葉隠 武士と奉公』（講談社学術文庫）、山本博文『男の嫉妬―武士道の論理と心理』（ちくま新書）などの著作に、参考になる言及がある。中でも小池氏による「小身無足」意識と没我的献身との関係についての論述は、もっとも鋭利でかつ説得性をもっている。

（二）常朝における他者批判と「嫉妬」の問題

その点にかかわって、日本史家の山本博文氏は、常朝が彼に特有の小姓の経歴やお側役という職位のゆえに、周囲や同僚に対するさまざまな羨望《せんぼう》・嫉妬《しっと》をもつようになった、という厳しい見地を示している論者である。

たしかに『葉隠』の中には、常朝による他の武士の言動批判が少なくない。こういう聞書がある。

「御縁組《ごえんぐみ》の時、何某一分《なにがしいちぶ》を申し達し候。この事、若き衆よく心得《こころえ》置くべき事なり。申し分は成程《なるほど》聞えたり。さすがなりと云ふ者もあるべし。その身気味《きみ》よく思うて、云ふべき事を云うて腹切りても本望と思はるべし。よく〳〵了簡《りょうけん》候へ。何の益《やく》にも立たぬ事なり。斯様《かよう》の事を曲者などと思ふは以ての外なる取違ひなり。（中略）我こそ曲者と云はるる名聞《みょうもん》ばかりにて、我が手柄にする故調《ととの》はらざるなり。申し出でたる事益にはたたず、人には難《なん》ぜられ、我が身を崩したる人数多くこれあるなり」［聞書一・43］

（［綱茂公の息女の］ご縁組のとき、ある者が自分の見解を申し上げた。このことは、若き侍がよく心得ておくべきことである。申し分にはなるほど理屈がある。さすがの意見だという者もあるだろう。本人自身は気持よく思って、言うべきことを言い腹を切っても本望だと思うのであろう。だが、よくよく考えることだ。それは何の益にもならないことなのだ。そういうことをした者を曲者などと思うのは、もってのほかの取り違えである。（中略）われこそは曲者だという名声がほしいばかりに、自分の手柄にしようとするから実現しないのだ。申し上げたことが何の益にもならず、他の人からは非難され、わが身を滅ぼした人間が数多いのは、そうした理由からなのである）

これは、主君綱茂公の娘峰姫と上杉吉憲との縁組にさいして、自分の意見を進上した藩士に対する評価をめぐっての記述である。周囲からは、さすがの意見だとの評判も立ったが、常朝の評価はきびしかった。切腹の覚悟をしてまでの上申であったと考えられるが、常朝はそんな行為で藩の方針が変わるわけではなく、無益無駄である、という。むしろ「曲者（剛の者）」という名声を得たいがためのスタンドプレーでしかない、と切って捨てている。山本（博文）氏は、必要なときに無分別を称賛していた常朝の言動に、不整合と大きな矛盾をとらえ、その心情のうちには他の武士に対する根深い嫉妬が隠されている、とみたのである。

もう一つ挙げよう。

「むかし御道中《ごどうちゅう》にて、脇寄《わきよ》り遊ばさるべくと仰せ出され候節、御年寄衆何某《なにがし》承り、『某《それがし》一命を捨てて申し上ぐべく候。段々御延引《ごえんいん》の上に、脇寄りなど遊ばされ候事、以ての外然るべからず候』と、諸人《しょにん》に向ひ、『御暇乞《おいとまごい》仕り候』と詞《ことば》を渡し、行水《ぎょうずい》、白帷子《しろかたびら》下着にて御前《ごぜん》へ罷《まか》り出でられ候が、追付《おっつけ》退出、又諸人に向ひ、『拙者申し上げ候儀聞《きこ》し召《め》し分けられ本望至極、皆様へ二度御目に懸り候儀、不思議の仕合せ』などと廣言《こうげん》申され候。これ皆《みな》主人の非を顕はし、我が忠を揚げ、威勢《いせい》を立つる仕事なり。多分他国者にこれあるなり」［聞書一・111］

（過去のことだが、ご道中で殿が寄り道をしていこうと仰せになったとき、年寄衆のある者がそれを聞いて『私が一命を捨てて殿に申し上げよう。これまですでに次々と予定が遅れているのに、寄り道などなされようとは、もってのほかのことである』と。周囲の人々に向かって、『お別れいたしまする』と挨拶《あいさつ》の言葉をかけ、行水をし、白帷子を下に着け、主君の前に進み出た。ほどなく退出してきて、再び人々に向かって『殿は私が申し上げたことをお聞きいれになられ、これほどの本望はない。みなさまにも再びお目にかかることができ、思いもかけぬ幸せでござる』などと大げさに言われた。これはすべて、主人の非を明るみに出し、自分の忠義を高く上げ、威勢を世間に示そうとするやり方である。おそらく他国者にありそうなことだ）

この聞書は、主君への諫言がどうあるべきか、またどうあってはならないか、を述べた有名な箇所であり、まさにここでは賞賛に値しない一つの具体例がとりあげられている。自分の意見によって主君が翻意《ほんい》したことが仰々《ぎょうぎょう》しく語られ、当事者の一年寄役が周囲から高い評価を得たにしても、結果的に主君の非が露わになってしまっているからである。山本（博）氏は、この重臣の芝居がかった行為のうちに一種のヒロイズムをとらえ、自分の忠義を宣伝しているだけだ、と批判している常朝自身の内面的な敏感さを見てとっている。しかも彼の批判はなるほど正論なのであるが、そうした正論の裏には、うまく機会をとらえて「わが忠を揚げた」侍の行動に対するはげしい嫉妬心がある、と氏は言う。

以上紹介した二つの聞書の中から浮かび出ている、他者にたいする常朝の羨望や嫉妬をどう評価したらよいであろうか。

常朝が長いお側勤めをつうじて、同じ程度の身分や職位の者との競争をつねに余儀なくされ、たえず自分という存在を殿に認めてもらいたいと願った心情のうちには、お側役以外の者には想像できないほどの悲哀や歓喜の起伏があったにちがいない。なにより諫言して御国を治めることを最高の忠節と解し、それゆえ家老になることを人生目的に掲げた以上は、殿からの信頼や寵愛を獲得せんがため、お側侍たちの間での競争を忌避《きひ》してはならなかったのであり、むしろその競争を受けいれ耐え忍ぶ能力を身につけていなければならなかった。若いころから「人は人、我は我」などと人生を達観《たっかん》できるような高い人格性をそなえてはいなかったはずであるから、同僚たちの間で生じる優越感や劣等感にたえずつきまとわれていた、と考える方が自然であろう。他の武士たちへの羨望や嫉妬の念もごく日常的なものであった、と推測される。

ただし、若いころ一時的にお側役を外され、失意の日々を送っていたその後、考えに考えたあげく到達した結論、かの有名な「奉公名利」観をどう考えるか、という問題がある。

この箇所で言われている「私の名利を思はず、奉公名利を思ふ事」［聞書二・140］とは、自分の名誉・利得を追い求めず、（国や主君への）奉公にもとづく名誉・利得を求めることを意味する。換言すれば、私益を放棄して、公益のみを追求することだ。具体的な人生目標としては、殿に諫言できる「家老」職に就くことが挙げられた。だがそれは、自分の名誉欲の達成としての家老就任ではなく、家老職を手段として用いての治国であり、御家長久の実現なのである。

常朝のこの回心《かいしん》は、彼の生涯における「人生目的の再設定《さいせってい》」といいうるものであろう。『葉隠』の中でもきわめてドラマ性に富んだ、たしかに注目されてよい事件である。そして実際、この回心のあと、常朝は、奉公名利の道をひたすら歩みはじめ、さまざまな工夫・修行をつづけ、2代藩主光茂の死去まで自らの職務を全《まっと》うした。

だが、彼の記述がけっして嘘いつわりではなかったにせよ、私は次のような疑問を拭い去ることができない。常朝は、奉公名利の道を邁進《まいしん》している最中、「私の名利」を完全に捨てきっていただろうか、という疑問である。「私の名利から奉公名利へ」の転換の決断は、画期的ではあろうが、やはり瞬時的なものにとどまる。他方、その後の奉公名利の骨折りや工夫は長期にわたらざるをえない。決意は簡単でも、実践は難しい。長きにわたる後半生《こうはんせい》、私益の心をまったく排除して、ほんとうに純粋な公益心だけで日々活動し奉公しえたのであろうか、と。

私は、山本常朝という武士をあまり聖人君子であったかのように美化・理想化しないほうがよいのでは、と考えている。奉公名利の見地に立ったからといって、すべての言動が私利私欲から脱却できたとは考えられないし、そもそも煩悩《ぼんのう》をそなえた人間にとってそれは不可能なことであろう。国や主君への没我的忠誠をモットーとする奉公名利を最高の理想としつつ、同時に、折にふれてたえず湧き上がる自己名誉心や私欲にも向き合い、それらと格闘しそれらを抑制しつづける日々を送ったのではなかったろうか。

『葉隠』のなかで、常朝はいくどか、自らの奢《おご》りや慢心《まんしん》を否定する「知非便捨《ちひべんしゃ》」という言葉を使っている。つねづね自身の言行をふりかえり、自分の弱点を認識し、そのつどそれを改めるという、深い悔悟《かいご》と自省を意味する人生訓である。奉公名利への内面的転換によって、ただちに高い道徳性ないし人格性が身にそなわったわけではない。長期の人生行路にあって、たえず「知非便捨」が強調されたということは、常朝自身がそうした高い道徳性の追求のなかで、逆にたえず名誉心や私利私欲に影響され、動揺させられ、ときには過ちを犯したことを意味するのではあるまいか。

山本（博）氏が指摘した他の武士たちへの嫉妬心の問題性は、この点に深くかかわっているであろう。私も、上述した二つの事件（一つは意見具申《ぐしん》をした藩士、もう一つは主君に諫言した年寄役）に関する常朝の批評のうちに、たしかに一種の羨望《せんぼう》や嫉妬の感情がにじみ出ているように思う。これらの感情が小々姓時代からのお側役の経歴、および長年の「小身無足」の意識から発していたであろう、という解釈も否定しない。だが、それを認めた上で、嫉妬心から他者批判をした常朝の記述を、そして『葉隠』での彼の口述を総じてまったく否定的に評価してしまうのは、明らかに「木を見て森を見ない」類の誤りだと思われる。〔6〕

註〔6〕拙著『『葉隠』の研究』でも述べたように、私は、嫉妬心が一つの行動動機であったことは認めるが、常朝の言動を支配する原理と解釈する（山本（博）説にはその傾向が濃厚だ）ことには同意できない。

嫉妬や羨望の感情は否定的にだけ評価されやすいが、常朝の場合、身分や職位にたいする劣等感ともあいまって、先に述べた「人生目的の再設定」という積極的な行為とも結びついていた。すぐれた治国のために高い身分や地位をめざしたい、という新しい目標への強烈な志向、それに必要なたえざる自己発展のための原動力になっていることが注目されてよい。仮定の議論になるけれど、もし常朝が中野一門の主流に属する家柄の出身であれば、卑屈《ひくつ》な「小身無足」意識に陥ることはありえず、将来的に家老職を手にすることもそれほど難しくはなかったであろう。正統派で大身身分の者には理解しがたい、嫉妬や羨望という屈折した感情にも無縁であることができたにちがいない。彼の置かれた恵まれない地位・身分こそが、おのが人生に対する深い内省を可能にし、独自の生の意味・価値の創造に向かわせる貴重なバネになったのだ、といってよいのではないか。

さらにまた、前述したように、常朝には「知非便捨《ちひべんしゃ》」に代表される人生観があった。自省の能力に秀でた常朝は、公益を追求するさいには私益の念がもたらす誤謬《ごびゅう》には敏感にならざるをえないし、不当な他者批判に陥ったさいに自己の過ちへの気づきは、他の人間より速《すみ》やかなものとなるはずである。羨望や嫉妬がよいものだとはいえないが、羨望や嫉妬があってこそ、生身《なまみ》の人間なのであり、それらの克服の歩みがまた、リアルに人間性を高めることになるであろう。封建的官僚制組織の中で、常朝が他者への羨望や嫉妬を免れなかったことは事実だとしても、そうだったからこそ、彼がそうした感情のうちであがき、苦しみ、自分だけに要求される道を発見しようとする、懸命の探究にむかうこともできたのだ、と私は考えている。

第二章　『葉隠』の中のコミュニケーション思想

『葉隠』の中のコミュニケーション思想（その一）

一　はじめに

口述者・山本常朝と筆録者・田代陣基の2人が7年の長きにわたって心血を注いだ『葉隠』は、周知のように、江戸時代のほぼ中葉《ちゅうよう》（1716年）に成り立った書物である。当時の社会は、なお日本各地で、大洪水や大火事などの災害、飢饉《ききん》や疫病などの社会的危機が頻発《ひんぱつ》していたとはいえ、歴史の上では、徳川幕藩体制の相対的安定期の時代を迎えていた。泰平の時期ではあったが、山本常朝は『葉隠』を通して、戦国武士道の勇猛果敢な精神（常朝が重視する「大高慢」「大勇気」）をけっして萎靡《いび》・衰退させず、太平の世でも、いや太平の世だからこそ継承・発展させるべきことをくり返し強調した。〔1〕これが、まぎれもない『葉隠』の一面である。

註〔1〕泰平期ではあったが、幕府と藩との権力的な対立、藩領地の没収や所替え、御家騒動、藩内での刃傷《にんじょう》事件、武士の敵討ち、暴力的な諍《いさか》いと解決、農民一揆とその鎮圧など、武力に訴える戦士的武士の役割が消失したわけではなかった。また、佐賀藩には、（福岡藩とともに）外国船の襲来に備える「長崎御番」という軍事的な任務遂行が求められていた。大高慢・大勇気が称《たた》えられ重視された所以《ゆえん》である。

他方、大きな戦闘の時代が終わり、戦士的武士の大半は文官的武士として、長期のお城勤めや御側《おそば》奉公（「畳の上」での奉公）へとおのれの生き方を変えざるをえなくなった。「武士業の転換」であり、侍としての「人生目的の再設定」である。活躍の場は、生死をかけた苛烈で血なまぐさい戦場から、忍耐を要する平時の家職遂行《かしょくすいこう》の現場へと移った。藩主を頂点とするヒエラルヒー体制の中で、その一員として、組織の要請に応え、組織の円滑な運営に尽力《じんりょく》し、国（＝藩）や御家《おいえ》の長久《ちょうきゅう》（＝継続・強化）に献身することを余儀なくされた。いや「余儀なくされた」という評価は必ずしも正確ではない。そこにあるのは、不承不承《ふしょうぶしょう》の服従や忠誠ではなく、むしろそれを新しい人生目的として積極的に受け入れ、堅忍不抜《けんにんふばつ》の意志をもって永続的な献身に徹した武士の姿であった。

徳川幕府の支配・統制のもと、日本各地でそれぞれの統治を許され委《ゆだ》ねられた大中小の諸藩は、その地域にふさわしい土着的な伝統と政治文化を形成しつつ、中央の組織よりは小規模の中央集権的な統治体制を築きあげ、そして継承した。日本史上、「近世的家産官僚制」と呼ばれている、後期武家政治に特徴的な組織形態であった。佐賀鍋島藩もその例外ではない。鍋島家への絶対的忠誠を最重要視し、藩主の意向を尊重しながら、家老や年寄役などの幹部・重臣の合議《ごうぎ》によって政策・方針を決定し（もちろん、藩主自身による専断的な決定も少なくはなかった）、時宜《じぎ》に応じてそれらを一挙《いっきょ》にまたは漸次的《ぜんじてき》に、藩全体に降《お》ろし浸透させていく（＝いわゆる「上意下達《じょういかたつ》」）手法が、組織運営の基本だったからである。

『葉隠』の中に登場する「主君―家臣」の関係、「家老・年寄役―藩士」の関係は、倫理や規範《きはん》の上では封建的であるが、形式の上では一定の合理性・効率性をそなえた官僚的な組織の内部で営々と築きあげられ、機能するにいたっている。近代や現代における権威主義《けんいしゅ》的官僚的な組織（省庁であれ、公的および私的企業であれ）と共通するような要素・側面をもつかぎりで、今日でも出来《しゅったい》する（われわれにとっても他人事とは思えない）上下間および同身分どうしの人間関係の性格や特徴が、当時すでにいろいろな場面で現出していることに気づかされるのである。山本常朝は、そうした性格や特徴を、主君や御家への奉公を通して、また武士たちの日常的な家職遂行を通して、鮮やかに浮かび上がらせている。『葉隠』はその意味で、武家社会における人間的意思疎通の実態や様相を、さまざまな視点から照射《しょうしゃ》し生き生きと描き出した秀著だといっていい。

先に戦国武士道を称揚し継承した書物としての『葉隠』の一面を強調したが、『葉隠』のもう一面は、以上から明らかなように、平時の奉公人道の本質を巧みにかつ縦横無尽《じゅうおうむじん》に論じた書物だったことである。しかも、その奉公人道の核心には、常朝特有の人間関係や人間的意思疎通（今日的な言葉では「コミュニケーション」）に対する非凡《ひぼん》な洞察《どうさつ》・高い見識が存在していたことを見逃すことができない。

本論述で私は、『葉隠』聞書に即して、当時の生身《なまみ》の武士たちの間で行なわれた、生活上職業上の「コミュニケーション」の真相や諸側面を浮き彫りにし、私なりの説明を加えることにする。その作業をつうじて、彼らの言動の意義と限界を正しく見きわめながら、『葉隠』におけるコミュニケーション思想の近代的かつ先《せん》駆《く》的な諸特性にも迫りたいと思う。

二 『葉隠』の中の「談合《だんごう》」概念

結論を先に言えば、山本常朝による人間的意思疎通の思想（換言すれば「コミュニケーション」思想）の中で、今日においても傾聴《けいちょう》に値《あたい》し、最も注目され評価されてよいものは「談合」概念だ、と私は考えている。

今日、「談合」といえば、「官製談合」や「談合請負《うけおい》」などの言葉に象徴されるように、一般世間では、公務員の関与があるかないかを問わず、事前に業者間で入札《にゅうさつ》価格や利益配分を定める秘密裡《ひみつり》の話し合いを意味している。イメージも評判もまことにかんばしくない代表的な言葉の一つだ。

しかし、『葉隠』では、「複数ないし多数による話し合い・相談・協議」を表わす言葉であって、内容の良し悪しに関わらないまったく中立的・中性的な意味合いで使われている。意味じたいは中立・中性なのだが、この「談合」なる行為がいかに豊穣《ほうじょう》な実りをもたらすものであるか、それゆえ常朝が「談合」にいかに高い評価を与えているかを、読む者は聞書の諸処で見出すことになる。それをよく示している、二つほどの箇所を挙げてみよう。

「我が智慧《ちえ》一分《いちぶ》の智慧ばかりにて萬事《ばんじ》をなす故、私《わたくし》となり天道に背《そむ》き、悪事となり、脇《わき》より見たる所、きたなく、手よわく、せまく、はたらかざるなり。眞の智慧にかなひがたき時は、智慧ある人に談合するがよし。その人は、我が上にてこれなき故《ゆえ》、私《わたくし》なく有《あり》体《てい》の智慧にて了簡《りょうけん》する時、道に叶《かな》ふものなり。脇より見る時、根づよく慥《たし》かに見ゆるなり。たとへば大木の根多きが如し。一人の智慧は突つ立ちたる木のごとし」［聞書一・5］

（自分の狭小な知恵だけで万事をなさんとするために、私的な行為となり、天の道理にそむき、悪事をなしてしまう。傍《はた》から見たとき、そういう知恵は、汚く、弱々しく、狭隘で、よい結果がえられない。真の知恵に達していないときは、知恵のある人に相談するのがよい。その人は、自分に関係のないことだから、私心なく自然でまっとうな知恵で考えるので、その意見は道理にかなったものとなる。傍から見ても、しっかり地に根づいていて確固たるものに見える。たとえば大木には多くの根が生えているようなものである。一人だけの知恵は、突っ立っている一本の木のように危ういものだ）

「古人の金言《きんげん》・仕業《しわざ》などを聞き覚ゆるも、古人の智慧に任せ、私を立てまじき為なり。私の情識《じょうしき》を捨て、古人の金言を頼み、人に談合する時は、はづれなく悪事あるべからず。勝茂公は直茂公の御智慧をお借りなされ候。この事、御咄聞書《おはなしききがき》にあり。有難き御心入れなり。又何某《なにがし》は、弟数人家来にして召し置き、江戸上方罷《まか》り越《こ》し候時も召し連れ、常住日々《じょうじゅうひび》の公私の事を弟共に談合ある故、はづれなしと聞き傳《つた》へ候なり」［聞書一・6］

（昔の人たちの真なる格言や所業などを聞き覚えておくことも、古人の知恵に学び、私心を生じさせないためだ。私的な感情や知識を捨て、古人の金言を尊重し、他人と談合して事をすすめるときには、誤りもせず悪事も行なわないはずである。勝茂公はよく直茂公の知恵をお借りになられた。このことは、御咄聞書に記されている。すぐれたお心がけであった。また、あるお方は、数人の弟たちを家来として召し抱え、江戸や上方へ出かける時いつも彼らを引き連れ、つねに日々起こる公私の事について弟たちと談合して決めたので、過ちを犯さなかった、と伝え聞いている）

右に挙げた二つの聞書の中から、いくつかの大切な指摘・主張を取り出すことができる。

主君や御家への奉公、城勤めにおける種々の仕事を、過ちなく適切に遂行するにあたっては、すぐれた知恵や深い経験が必要であろう。だが、そうしたすぐれた知恵や深い経験は、今もっている自分の知恵や経験に固執《こしつ》していては、けっして手に入れることはできない。まずはその狭さを自覚し、それを脱却《だっきゃく》しなければならない。そのためにはどうするか。広い視点・視野を獲得し、別の見方をとり入れる必要がある。豊かな経験を有する他人や先達《せんだつ》の考えを、そして有用な高い知恵を聴き入れ受け容れなければいけない。

前者の文中にある「一分の智慧ばかり（で行為しない）」、後者の文中にある「私を立てまじき為」「私の情識を捨てる」という見解は、それをよく示している。「談合」という行為、「談合」を重んじるという姿勢は、なにより自己の偏狭《へんきょう》さや限界にたいする反省・自覚を前提としているのであり、それを乗り越える必要性を自身で痛感しているからなのである。

さらにその上、「談合」をつうじて別の見方をとり入れることは、一つの見方から離れて（前者の文にあるとおり）「脇（＝傍《かたわ》ら）より見る」態度を生み出す。その態度は見方の拡がり、見方の転換を意味する。これに関連して言えば、［聞書一・44］の中にも「脇から人の上は見ゆるものなり。碁に脇目《わきめ》八目（＝岡目八目）と云ふが如し」という記述がある。囲碁の戦いに没頭している当事者が気づかない広い視野は、碁盤をとり巻く観衆の方が、全体の局面を見渡しやすいからこそ、かえって獲得している場合が多い、ということを表現したものだ。ものごとの全体像を把握するのはやさしいことではない。把握できるだけの視点や立ち位置を確保していなければならない。常朝は、やさしい例《たと》え話を用いながら、まさにここで、「俯瞰《ふかん》的・総体《そうたい》的見地」を獲得することの重要性に言及しているのである。

言うまでもなく、それは狭隘《きょうあい》で一面的な知恵・見解ではなく、（前者の文にあるような）多面性をもつ「眞の智慧」であり、「私なく有体の智慧」である。とはいえ、「私なく有体の智慧」という言葉が意味するところをつかむことは難しい。「有体の」とは「ありのままの」「いつわりのない」との謂《い》いであるが、目の前にある対象・事象を歪《ゆが》めることなく、そのまま見て受け容れることだ、と私は解釈している。

つまり自分の主観的な理解や判断を優先せず、ものごとの客観的な姿や性質を尊重して作為《さくい》なく受けとることなのである。そうしてこそ真の知恵に達することができるであろう。真の知恵へと進む過程で、談合はその不可欠の条件とみなされ、高い評価の対象となっている。その意味では、「智慧」と「談合」との密接で豊かな連携を語り上げることによって、常朝の見解には、西洋哲学における知識論、真理論のすぐれた成果と重なり合う部分がある（この点については後の本章（その二）（その三）でもふれるつもりである）。

三　「談合」の対象や目的、特性について

常朝が「談合」という行為に高い価値を与えていたことは、以上から明らかであろう。それでは、現実生活の中で、何をめざし何をめぐって談合が行なわれるべきか、について、常朝がどう考えていたかを、考察してみよう。

上記の［聞書一・6］には、ある侍が江戸や上方に出かけるさい、数人の弟を引き連れて「常住日々の公私の事」を彼らと談合しながら大事なことを決めた、

とある。この人物は、ある使命を帯びて、佐賀からは遠い江戸・上方地域での公的な任務にたずさわった、かなり地位・身分の高い武士であることが推測される。

公的な場面では、佐賀藩にかかわる政治的・経済的（さらには軍事的）折衝《せっしょう》などが考えられよう。あるいは常朝のように、（古今伝授《こきんでんじゅ》を切望した）主君の要請に応えて、文化的芸術的な目的達成のための折衝などもあったにちがいない。折衝を成功させるための、御家《おいえ》間の手紙のやりとり、談判の手続き、儀礼や口上《こうじょう》の確認・実行、贈答品《ぞうとうひん》の用意などに、注意を払わなければならないはずである。他方、私的な場面では、同伴した多くの藩士や従者の滞在場所、市中往来の方法、衣食の調達、旅行・滞在費用など、生活面での諸問題が発生していたはずである。

日常的な「公私の事」とは、それらの内容いっさいが含まれている、と考えられる。まさに公私の別なく、江戸・上方滞在中に対応せざるをえない大小さまざまな必要事が、彼らの間でたえず相談・協議（＝談合）の対象になったであろうことは、まちがいない。

「談合」がもっと直接的かつ切実に必要とされたであろう、と思われる場ないし機会は、お城勤《しろづと》めであり、藩組織の中での公的な業務であった。次の聞書は、戦時・平時を問わず武士に武勇発揮や礼節遂行の必要性を説いたあとで、とくに平時の奉公人道における「談合」の大切さを簡潔に言い表わしている達文だといってよい。

「武士たる者は、武勇に大高慢をなし、死狂ひの覚悟が肝要なり。不断の心立《だ》て、物云《い》ひ、身の取廻《とりまわ》し、萬《よろ》づ綺麗《きれい》にと心がけ、嗜《たしな》むべし。奉公かたは、その位《くらい》を落ち着く人〔2〕によく談合し、大事のことは構《かま》はぬ人に相談し、一生の仕事は、人の為になるばかりと心得、雑務方《ぞうむかた》を知らぬがよし」［聞書二・39］

（武士たる者は、武勇の面で大高慢の心意気をもち、死に狂いで働く覚悟が大切である。ふだんの心のもち方、話し方、身の処し方など、すべてにわたって綺麗にと気を配り嗜むべきである。奉公にあっては、その役目を経験豊かな人とよく談合し、重要なことがらはそのことに関係のない人に相談し、おのが一生の仕事は、ただ人のためになることだけをしようと考え、雑務のことは知らない方がよい）

註〔2〕『日本思想大系　葉隠』では、この箇所の原文が「奉公方は、其の位を落ち着け、人に能く談合し」となっており、それをうけて奈良本訳、松永訳では「奉公については、その分に応じて、人によく談合し」というように解釈されている。それに対して、岩波文庫版の原文では「その位を、落ち着く人によく談合し」となっており、それをうけて、（このほうが正しいと考える）私は、相良訳と同様に、右記のような現代訳を採用した。

官僚制的組織がより高度により複雑になるにしたがって、一人ひとりの仕事や任務は多種多様性を帯び、個人的な裁量だけではとても処しきれない事態に直面する。すぐれた経験や見識をもつ上司や先輩、有能な同僚の支えや助けが必要となる。つまり、「奉公かた」（＝奉公の現場）で、自分の知恵の限界を認識させ正してくれる「談合」がどうしても不可欠なのである。もちろん、直接的であれ間接的であれ、自分の利害と関わるような人物への相談はよくよく注意しなければならない。むしろ利害関係のない人の意見には公正さがあり、一定の距離があるからこそ、その指摘は率《そっ》直《ちょく》で純粋《じゅんすい》だからである。大事のことについては「構はぬ人」（＝それに関係のない人）への相談を推奨《すいしょう》する常朝の態度は、組織内部で苦労し鍛えられた彼自身の奉公体験が生かされたものであり、それによって獲得された彼の炯眼《けいがん》さをよく示している。

談合の必要性を説いている箇所は、こうした奉公のあり方一般に関してだけでなく、その他にもある。『愚見集』〔3〕の「智慧」の項には「常式《じょうしき》の事は、功《こう》者《しゃ》の衆《しゅう》に問ひ訪ね談合するに極《きわま》りたり。然らば豫《か》ねて智慧のある人と寄合《よりあ》ふべきことなり。智慧のくらきものは、人に談合することも知らぬ故、ひたはづれするものなり」（常式については、ものごとに熟達した人々に問い合わせ談合するのが一番である。であれば、前々からすぐれた知恵の持ち主と親しく話し合いをすべきである。知恵の鈍い者は、他人と談合することも知らないので、まったく的外れなことをするものだ）とある。

註〔3〕『愚見集』は、奉公の要諦《ようてい》および具体的な心得を伝えるために、常朝が養子の山本吉三郎（権之丞）に書き与えたものである。この小冊子は、『葉隠』成立の8年前に執筆されているが（成立順序は逆であるにせよ）、奉公倫理に関するかぎり、内容的に『葉隠』思想の骨格を説明する役割をはたしており、それゆえ『葉隠』の要約版とも言いうる特徴をもっている。

ここでいう「常式」とは、いわゆる「常識」ではなく、「定式」すなわち、きまった方式、規則・規律性をもつ儀式や慣習の意味だと理解したほうがよいと思われる。社会生活や公的な場における「常式」には、これまでの歴史や伝統が凝縮《ぎょうしゅく》されており、知識や経験の浅い者にとっては、その主旨や本質、その表現としての形式や作法が、そんなにたやすくは把握できない。だから、どうしてもそれによく通じた経験豊かな先達から教えを受けなければならない。

武家政治の歴史をたどれば明らかなように、武士にとっての礼節や作法は、封建的な人間関係が定着し凝固《ぎょうこ》し強化されていく過程で、より不可避でより重要なものになった。常式を守らない発言や立ち居ふる舞いは、周囲からしばしば非難・叱責《しっせき》の対象となり、その極《きわ》みには、死をもって逸脱や過失を償《つぐな》うことが求められた。「たかが常式」といって軽視できるような代物ではなく、その拒否・不履行《ふりこう》には、浪人や切腹という厳罰がついて回っていた。常式は武士の身体や行為と融合・一体化していなければならなかった。たえず過《あやま》ちなく、いや非の打ちどころのないほどに常式を履行し具現化《ぐげんか》することが必要であったし、そのためにも、つねづね「功者の衆」「智慧のある人」との談合・寄り合い（＝会合）が欠かせなかったのである。

さらに、より具体的な場面での「談合」の必要性を語った記述として、以下の聞書の文を挙げることができる。これも大いに参考になる内容だといっていい。

「公事双論《くじそうろん》など取合ひのとき、「追って了簡いたし、御返答仕《つかまつ》るべく」と申したるがよし。たとひ一通り申したりとも、「猶又了簡《なおまたりょうけん》いたすべき」と、末を残したるがよし。扨《さて》その通りを、誰にも彼にも語り、談合評定《ひょうじょう》したるがよきなり」〔聞書十・１３９〕

（訴訟や裁判などの争いのときには、「よく思案をしてからまもなく、ご返事をさしあげる」と言ったほうがよい。たとえ一通りは言ったとしても、「さらにまた、よく考えることにしたい」と、あとを残したがよい。そうして、その中身を周囲のみんなに語り、談合し評議したほうがよい）

訴訟や裁判の渦中にあって、人はどんな言動をとるべきかについて諭《さと》した例である。利害・得失をめぐる争論は、公私の別なくかならず反対者が存在する。反対者の言い分は、こちら側にとっては、最初は内容不明または主旨不詳《しゅしふしょう》の場合が多い。それを十分に考慮にいれないで、こちらの言い分ばかりを述べ立てても、いっこうに埒《らち》が明かない。結局、水掛け論に終始するだけであろう。

次いで、相手の言い分が判明し、よく理解できたとしても、それが正しいかどうかは、にわかに判断できない。両方の論点が、正確かつ公平に俎上《そじょう》にのぼり、冷静な検討の対象にならなければならず、そうしてこそ実りある議論が開始できるだろう。対立する者の諍《いさか》いがたどるこういうプロセスでは、自己と他者をふり返るための十分な時間的猶予が必要となる。「追って了簡いたし、御返答仕る」という態度は、時間を要する大切な思案を確保するための必要条件なのである。

自分の思いや主張の中身、ときには相手の主張の真意や長短が一通り明らかになったとしても、さらにまた最も深刻な対立点をめぐって、再検討・再評価を加える必要も出てこよう。「猶又了簡いたすべき」という言表は、速断《そくだん》を避け、自他の主張の吟味《ぎんみ》をつづけ、あくまで公正な判断にいたろうとする、慎重な反省的態度および真摯《しんし》な探究的態度の表われだ、と私は考える。

この段階にあっては、個人ひとりの限られた見解を揺さぶり打破する力をもった「談合」が大きな価値をもち、有力な役割を演ずるだろう。なにより、自分の私的な理解や判断に固執しないで、周囲の者たちに争論内容を率直に打ち明け、広く謙虚に相談することによって、本人自身が新しい見方や異なった観点を得る必要を痛感するのであり、実際また、誠実な「談合」の行為こそそうした見方・観点の獲得を可能にするからである。その意味で、談合は、観点の多様化、視野・視界の拡大、深い真理性への接近、等々のかけがえのない原動力なのである。

常朝によって推奨された「談合」なるものは、どんな場面、どんな機会に必要とされるものであったか。その点について、この章の終わりに改めて整理し確認してみよう。

「談合」は、一般的には広く「日々の公私の事」の中で、その必要性が浮かびあがる。それゆえ、社会的かつ日常的な場面で人々にたえずその意義を実感させる、人間的意思疎通《いしそつう》の行為（＝コミュニケーション的行為）だといっていい。もう少し具体的な領域を挙げるとすれば、泰平期での主君や藩にたいする「奉公かた」（奉公の場、奉公道）において重要な価値をもち、大いに重用《ちょうよう》されるべきものであった。さらに、組織内部で尊重され継承されている儀礼や社会的慣習（＝「常式」）の目的とその方法が問われ、それらが円滑にとり行なわれる場合、また訴訟や裁判沙汰を意味する「公事双論《くじそうろん》」が問題となり、その解決が重視される場合、より広くて深い知恵を獲得するために、談合はたえず貴重な方策を提供するものだった。

こうしたことに注目すれば、上意下達が基本だった封建社会にあっても、「談合」という概念および行為は、実に広範囲にわたって社会的文化的な役割をはたしていたことが知られるであろう。人間関係や人間的意思疎通のあり方に通暁《つうぎょう》・習熟していた山本常朝は、奉公人としての自分の経験をふまえて、まさにこのことが言いたかったのだと思われる。

四　「談合」と「僉議《せんぎ》」

当時の佐賀藩内部では、言うまでもなく、円滑な藩運営のために、じつに多種多彩な話し合いや議論がなされた（もちろん、他の藩でも同様であったろう）。私が『葉隠研究』誌第88号から91号までにとり上げた、三家不熟《けふじゅく》（本藩と3支藩との不和）問題、翁助《おうすけ》（後の光茂）家督相続問題、相良求馬の処分や後継者問題など、藩中枢での重大事に関してだけではない。そのほかに、組織内での人事案件、領国内での農林漁業・経済産業施策、藩財政の立て直し、民衆の管理・統制や賞罰、大火や洪水被害への対処、幕府との関係調整（長崎御番の役目を含む）など、発生したそれぞれの事態や事件に応じて、ときには至急迅速《じんそく》に、ときにはくり返し長期に、相談・協議・評定を行なわなければならなかった。

先にとりあげた「談合」なるものは、これらの相談・話し合いの中で大きな役割をはたしていたが、他方、談合とよく似た性格をもちながら、かなり異なった役割をはたす言葉ないし集団行為として、「僉議」なるものがあった。「僉議」の「僉《せん》」とは、皆《みな》とか多人数とかを意味し、「衆議」の語に言い換えることもできるが、実際には、やや深刻な様相をおびた事態のときに使用されるケースが多い。

『葉隠』の中で頻繁《ひんぱん》に登場している「僉議」概念の特色を、まず二、三の聞書に即して見てみよう。

「江戸大火事の時、相良求馬働きの事　光茂公御在府の時分大火事出来《でき》、「御機嫌を伺ふ為御登城なされ候にてはこれあるまじくや」と御玄関に御控《おひか》へ御座《ござ》なされ、御留守居《おるすい》共《ども》に御僉議なされ候。求馬申し上げ候は、「私見繕《みつくろ》ひ申し上ぐべし」と申し捨て、騎馬にて駆け出で申し候處、……」［聞書八・27］

（江戸の大火のとき、相良求馬の働きのこと　光茂公が江戸においでだった時に大火が発生した。「将軍家のご機嫌をうかがうため、江戸城に登城する方々がおられるのではないか」と、光茂公は玄関までお出になって、留守居役の者たちとご僉議なされた。そのとき相良求馬は、「私が様子を見てまいりましょう」と言い捨て、馬に飛び乗って駆けだしていった……）

「中野数馬組内科人《くみうちとがにん》の時僉議の事　数馬組内に御究《おきわ》めに罷り出で候者これある時は、前方《まえかた》組内召し寄せ申分《もうしぶん》吟味仕り、「自然不埒《ふらち》にこれあり申し落し候儀もこれあり候ては、組内の恥に候間、何《いず》れも粉骨《ふんこつ》思ひ寄り申され候様に」と申され候由」［聞書八・74］

（中野数馬、組内に科人があるとき、僉議のこと　数馬は、自分の組内にお取り調べで出頭する者があるとき、前もって組の者たちを集め、彼らの言い分を吟味し、「万が一、言うべきことを十分に言えないようなことであっては、組の恥になるから、皆がすべて、できるかぎり考えついたことを言うように」と話したという）

右記最初の聞書中の「僉議」の記述に関しては、江戸大火のさい、江戸城にも大なり小なり被害が及んでいるのでは、との懸念から、将軍への「ご機嫌うかがい」（お見舞い）のため、ただちに登城すべきかどうかについて、藩主をまじえた僉議が行なわれたことを表わしている。それを判断するうえで、他藩または他の大名はどういう態度をとっているか、が参考とすべき貴重な情報であった。機転のきく相良求馬がそれを察して、急遽《きゅうきょ》馬に飛び乗り、他の大名のもとに出かけ、登城をめぐる彼らの動向や考えをつかんだ、という経《けい》緯《い》がこの聞書の趣意である。

ここでは「御《ご》僉議」とあるように、藩主光茂が直接その場で協議に参加したことが知られる。「御」が付いた僉議は、他の聞書を見るかぎり、主君が関わっていない場合でも、家老をはじめとする藩内の幹部・重臣が行なった協議を指すケースが多い。いずれにせよ、藩にとっての重大事件に直面して、主君や家老が自らリーダーシップを発揮するような協議が「僉議」だった、と言えるであろう。そして、僉議の末に決定されたことは、言うまでもなく、すこぶる重い政治的な意義と権威をもち、上から下へと指示・命令されることになる。

右記二番目の記述は、当時家老職にあったと思われる、中野数馬の組内での物語である。数馬が主宰《しゅさい》する組のある侍が、なんらかの事件または不祥事にかかわって罪に問われるような事態となったことが知られる。藩の公けの場所で、事件の取り調べが行なわれる前に、組内で関係者を集めて、数馬自身がかなり綿密に究明し、真偽をたしかめようとしている。藩の幹部・重臣による尋問《じんもん》・究明ではなく、一つの組のなかでの究明であったので、たしかに「御僉議」ではなく、ただの「僉議」と記されている。しかし、侍の罪や罰、それゆえ地位・身分に関連することなので、ふつうの相談や協議より深刻かつ重大な話し合いであったことがわかる。「僉議」という言葉が使われているのも、それが理由ではないか、と私は考えている。

補足的な指摘になるが、「せんぎ」に相当する言葉として、「僉議」の他に「詮議」という漢字も存在する。しかし、岩波文庫版『葉隠』には、この「詮議」の語はまったく使用されておらず、すべての「せんぎ」が「僉議」の語で統一されている。他方、『日本思想大系　葉隠』には、「僉議」と「詮議」とが併用され、両者は時と場所に応じて区別されている。

じつは、「詮議」には、評議してものごとを明らかにする、という意味とともに、さらに犯罪を取り調べる、という意味も含まれている。〔4〕数馬の組内での「せんぎ」は、『日本思想大系』版では、「詮議」という漢字が当てられ、明らかに「犯罪の取り調べ」「責任の有無の追及」を意味するものとして記述されている。

註〔4〕『葉隠』全体を読み通してみると、「僉議」という語は、佐賀藩だけではなく、幕府や他の諸藩でもごくふつうに用いられていたことがわかる。また、『日本思想大系』版を信用するかぎり、「詮議」概念も「僉議」とともに、江戸中期に日本各地で広汎《こうはん》に流布していたことは確かなように思われる。尤も、このことを確認するには、言語史の研究が不可欠となるだろう。

封建的なヒエラルヒー組織の中で、罪や罰、地位や身分にかかわる協議には「僉議」という言葉があてられた、と見てよいのではあるまいか。上下関係の厳しい藩組織の中で、その組織の存立危機や所属武士の賞罰《しょうばつ》・身上《しんじょう》をめぐる話し合いが、「僉議」という言葉に結実している。直截《ちょくせつ》にいえば、この時代に通用していた「僉議」は、封建的な規範や道徳にもとづく、大なり小なり身分的で位階《いかい》的な性格を帯びた概念だったと考えられる。

以上、私は「僉議」概念にかなりこだわって、これまで縷々《るる》述べてきた。それは他でもない、私が重視する「談合」概念との違いを際立《きわだ》たせたかったからである。

「僉議」には、お上《かみ》による事件や事態の吟味・究明、幹部・重臣たちの（重要施策に関する）協議、という性格が濃厚であった。「詮議」という語が用いられる場合はとくに、人物の犯罪にたいする取り調べ、責任の追及、処罰の決定などの意味内容が込められていた。

それに比べると、「談合」は、地位・身分の高い者でも低い者でも関係なく、対等性や平等性が保証された場での、かなり率直な意思疎通や話し合い・相談、という性格を基本としている。藩の重要施策に直接には影響を与えない談論が主たる特徴だったといいうる。だからこそ自由にものが言える場での、自由な発想や独自の見解が開陳《かいちん》できる集団的行為だった。

前に、「公事双論など取り合い」にさいして「談合評定《ひょうじょう》」の大切さが強調されていた聞書をとりあげたが、改めてその箇所を想起していただきたい。この聞書の後半に、次のような言葉がある。

「一分にて、計らず取り合ひ候へば、多分はづれあるものなり。兎角《とかく》、何事をも談合したるがよし。智慧ある人これなき時は、妻子にも談合 仕《つかまつ》り候へば、我が智慧も出来《でき》申すものに候」［聞書十・１３９］

（自分一人だけでよく考えもせず言い出せば、たいてい失敗するものだ。とにかく、どんなことでも談合したほうがよい。知恵のある人がいないときには、妻子とも談合をすれば、すぐれた自分の智慧も生まれてくるものである）

談合の特色は、身分や階級の相違・格差をそれほど気にしないですむ同僚間での相互対話、衆議という点にあった。ここで常朝は、高い見識のある人がいなければ、談合の相手は身近な家族、ないし妻子でもいい、と言う。自分一人の思い込みや狭い視野から抜け出すうえで、妻子との話し合いでさえ新しい別の見方を手に入れることができる、との見解を提示している。

もちろん、藩内で僉議の対象となった重大事項の中身や決定は、政治上・財政上・軍事上、かんたんに公開されうるものではないし、公開されてはならぬであろう。その意味で、僉議は非公開的性格ないし秘匿《ひとく》的性格が強い。しかし、談合のできる対象は、多くの人々の経験や知恵を集めて議論の俎上《そじょう》に載せ、検討した方がよい。その意味で公開的性格をもっている。同僚だけではなく、家族や妻子にも開かれている。

こうして、多くの武士は、この談合のおかげで、公的な生活面でも私的な生活面でも、日常的に多面的な視野と豊かな知恵を獲得することができた。山本常朝という人物は、長年の経験から、談合のもつこの生産的で豊穣な本性に十分気づいていた。「眞の智慧」と「談合」行為とは密接不可分の関係にあることを、終生、自信をもって強調し訴えつづけたのである。

『葉隠』の中のコミュニケーション思想（その二）

一　武士に見るコミュニケーションの二面性
――推進と拒絶

（一）「談合」の称揚と「談合」の否定

前の論述（『葉隠研究』誌92号）で、私は、『葉隠』の中の人間関係や人間的意思疎通のありかたに注目し、近世武士の日常的な職務や生活の中でのコミュニケーション的行為の姿を描いてみた。とりわけ常朝が重視した「談合」概念をとりあげ、それがふくむ豊かな内容を高く評価し、封建的な位階《いかい》制社会でも、かなり成熟した近代的な意思疎通が実現していたことを明らかにした。徳川幕藩体制の相対的安定期ならではの、比較的平等な人間的コミュニケーションの成立、という事態である。

とはいえ、誤解をさけるためにここでも断っておかなければならないが、それは、当時の武家社会の半面であり、『葉隠』の一側面であった。武士間で行なわれた人間的コミュニケーションはたしかに、あるときは大いに勧奨され、推進された。だが、あるときは、きびしく拒絶され、断念された。

矛盾するこういう現象をどう理解したらよいか。

山本常朝の姿勢にもこの両面があった。「談合」を称《たた》える一方で、以下のように、明確に「談合」を否定し、コミュニケーションの拒絶を貫こうとする主張がある。

「我が身にかかりたる重きことは、一分《ぶ》の分別にて地盤をすゑ、無二無三に踏み破りて、仕《し》てのかねば、埒《らち》明かぬものなり。大事の場を人に談合しては、見限らるる事多く、人の有體《ありてい》に云はぬものなり。斯様《かよう》の時が、我が分別入《い》るものなり。兎角《とかく》気違ひと極《き》めて、身を捨つるに片付くれば済むなり。この節《せつ》、よく仕《し》ようと思へば、はや迷ひが出来て、多分仕損《しそん》ずるなり。多くは味方の人の此方《こなた》の為を思ふ人より転《ころ》ばせられ、引きくさらかさるる事あり」［聞書一・194］

（自分の身にかかわる重大なことは、自分ひとりの分別で覚悟をきめ、しゃにむに前へ突きすすんでやり遂げなければ、埒は明かないものだ。一大事の場面で他の人と談合したりすれば、相手にされず見限られることが多く、人もほんとうのことを言ってくれないものだ。こういう時こそ、自らの決断が必要なのである。とにかく気違いでもよいと心を決めて、身を捨てることに徹すれば、それでよい。こんな場合、うまくやろうと思うと、すぐに迷いが生じて、たいていは仕損じることになる。多くの場合、味方になって自分のためを思ってくれる人の行為が、かえって仇《あだ》となり、自分自身がだめにされてしまうものである）

ここでは「談合」の行為が否定され、自分ひとりだけでの判断・決意が称揚されている。いつでもどこでも談合が必要だ、という見地に常朝が立っていないことの証《あかし》であろう。もちろん、この種の談合不要論は特別な場面や機会に限定されている。とくに自らの人生行路の分岐点にあって、また武士の誇りをかけた一大事の場にあって、である。〔1〕こうした自分自身の決断こそが最も必要なとき、予期せぬ他人の意見はしばしばそれを動揺させかねないし、ときには無責任な一種の雑音でしかない場合がある。むしろ、それらから意識的に身を離して、できるだけ短時間に行動方針を選びとることが要請される。

註〔1〕常朝は、主君光茂の死去にさいして出家の道を選び、出家願いを出したが、その決意と実行の途中、周囲の人々からの賛否両論にさらされたり、いろいろな意見や忠告に直面したものと思われる。上述の聞書には、そうした彼の経験が色濃く反映されている。

こうした迅速《じんそく》な決断がもっとも切実なしかたで求められるのは、やはり合戦の場であり、暴力的な喧嘩《けんか》の時であり、侮辱《ぶじょく》に対する反撃などの場面であった。

出来事に応じて即断即決《そくだんそっけつ》と果敢な行動を求める主張は、言うまでもなく『葉隠』の一大特色であって、聞書のいたる所に見いだされる。『葉隠』に通じておられる読者には、いくどか目にした馴染《なじ》みの文章であろうが、以下に典型的と思われるものを二つほど挙げてみよう。

「打ち果《はた》すと、はまりたる事ある時、たとへば直ちに行きては仕果《しおお》せがたし、遠けれどもこの道を廻《まわ》りて行くべしなんどと思はぬものなり。手延《ての》びになりて、心にたるみ出来る故、大かた仕届《しとど》けず。武道は卒忽《そこつ》なれば無二無三然《しか》るべきなり」［聞書一・190］

（ある者を討ち捨てると覚悟をきめたとき、ただちに突き進むのでは仕損じるかもしれない、遠くはなるが回り道をして進んでいこう、などとはけっして考えないことだ。間がのびて、心に緩みが生じてくるから、たいてい事が達成できないということになる。武士道は軽率なほどにしゃにむにの行動が大切である）

「何某《なにがし》、喧嘩打返《うちかえ》しをせぬ故《ゆえ》恥になりたり。打返しの仕様《しよう》は踏みかけて切り殺さるる迄なり。これにて恥にならざるなり。仕果《しおお》すべきと思ふ故、間に合はず。向《むこう》は大勢《おおぜい》などと云ひて時を移し、しまり止《や》めになる相談に極《きま》るなり。相手何千人もあれ、片端《かたはし》よりなで切りと思ひ定めて、立ち向ふ迄にて成就《じょうじゅ》なり。多分仕《し》済《す》ますものなり。（中略）前方《まえかた》に吟味《ぎんみ》して置かねば、行き当りて分別出来合《できあ》はざる故、大方《おおかた》恥になり候。咄《はなし》を聞き覚え、物の本《ほん》を見るも、兼《かね》ての覚悟の為なり。就中《なかんずく》、武道は今日《きょう》の事も知らずと思うて、日々夜々《にちにちやや》に箇条《かじょう》を立てて吟味すべきことなり」［聞書一・55］

（ある者は、喧嘩の仕返しをしなかったために、周囲から武士の恥だと言われた。報復の仕方は、まっすぐに踏みこんで斬り殺されるまでである。こうしてこそ恥にはならない。相手を倒さなければと思うから、間に合わない。向こうは多勢だなどと言っているうちに時が経ち、最後には仕返しをやめようかという相談になってしまう。相手が何千人であろうと、かたっぱしからなで斬りするのだと覚悟をきめて、立ち向かっていけばよい。多分それで十分達成されているものだ。（中略）前もってよく考えておかなければ、行き当たりばったりで的確な判断ができないため、たいていは恥をかくことになる。有益な話を聞いたり、書物を読んだりするのも、予《あらかじ》め覚悟をしかと固めるためだ。とりわけ、武道にあっては、いつ何が起こるかわからないと思って、日夜、箇条書きにしてよくよく考えておくべきなのである）

右の二つの聞書に共通する内容としては、一つに、武力（ないし暴力）をともなう事件が発生し、それに直面している武士の姿であり、二つに、そのさいのあるべき対処は、果断であり迅速であり、積極的な意味で無分別でなければならぬ、ということである。

いずれの場合でも、瞬時に、あるいは短時間で決断せねばならず、逡巡《しゅんじゅん》や躊躇《ちゅうちょ》は許されなかった。武断的な行為には武断的な行為でもって、その時その場で対応すべきだ、というのが常朝の行動原則だった。

それゆえ、周囲の者に、あるいは親しい同僚に相談する暇《いとま》はない。自分ひとりでの決断あるのみである。平時には役立つ「談合」も無益で無意味であった。

（二）大事の場での決断と「前方《まえかた》の吟味」

ここにはたしかに直情型・突進型の武士道がある。時間的な猶予や慎重な配慮に身をまかせず、とにかく武力による解決への決起が称《たた》えられているからである。しかし、その点だけに注目すると、常朝の真意を誤解することになるだろう。無分別が強調されてはいるが、重大事に直面したその時その場での無分別であることを看過してはならないのである。

実は二つ目の聞書の中には、「前方に吟味して置かねば、行き当りて分別出来合はざる故、大方恥になり候」なる文がある。常朝は、たえず武士としてあるべき、武士にふさわしい言動を重んじたが、それと関連して、そうした言動を可能にするための「前方に吟味しておく」という基本姿勢をたえず強調しつづけていたことがわかる。とっさの場合の行動は、瞬時の無分別の行動でよい、むしろ無分別の行動こそが不可欠だ、と。だが、それがほんとうに実現できるのは、つね日頃から武士の理想的なふるまいや対処のしかたを思案・熟慮し、それにむけての「死の覚悟」をも固《かた》めているからなのである。

ところで、『葉隠』のほかに、前稿で言及した『愚《ぐ》見集《けんしゅう》』と並んで、常朝が書いたとされる『老士物語之《の》ケ《か》條《じょう》覚書《おぼえがき》』（以下『老士物語』と略す）という書物がある。この書には（とくにその前半部には）武道の要諦《ようてい》が提示され、侍はさまざまな機会や場面で戦闘的な武士道精神をいかんなく発揮すべきことが説かれている。

私は6年前に公刊した『『葉隠』の研究』のなかで、この『老士物語』をとりあげ、以下のような要旨説明を行なった。その記述は、本章での議論と深く関連していて、読者にも参考になると思うので、ここに再掲することにしたい。

「一つには、日常生活の中で発生した武士の喧嘩にさいして、斬り合い、とどめ刺し、切腹などのあり方が詳細に述べられる。しかも、例えば、行き合い上、衣装や身が汚《けが》され疵《きず》つけられた場合、夜中に起こった喧嘩の場合、殺害人に行き合った場合、お供の者が殺害された場合、同僚の家臣が人を殺害した場合など、そのさいどう対処すべきか、どのように行為すれば侍として筋を通すことができるのか、が具体的に説明される。

取り上げられるのは、喧嘩だけではない。殿中《でんちゅう》で刀を抜いた者への対処、介錯《かいしゃく》を頼まれた時の対応、家内での密通《みっつう》人に対する処断などにも、武士道の原則に背《そむ》かぬ行為が貫かれなければならず、そのつど取られるべき断固とした措置や手続きが示されている。

さらには、主君のお供をしている時に行列を割る者に対する武力的処断、親・一門などにかかわる敵《かたき》討《う》ちにたいする態度のとり方も、武士道にとっての重要な対象であり、そのさいに言うべきこと、為すべきことが記述されている」（拙著『『葉隠』の研究』２８９頁）

挙げられているのは、武士に瞬時の判断と決起をうながす一大事の場面ばかりである。こうした危急の事態で武士の名誉と誇りをそこなわず、他者からの称賛をもかち得るような毅然《きぜん》たるふるまいをすることは決して容易ではない。それを可能にするのは、先に述べた「前方の吟味」以外にはない、これが常朝の根本思想だった。

彼が記した「就中、武道は今日の事をも知らずと思ふて、日々夜々に箇條を立てて吟味すべき事なり」（とりわけ、武道にあっては、いつ何が起こるかわからないと思って、日夜、箇条書きにして、よくよく考えておくべきなのである）という文を、読む者はきわめて重くかつ掛け値《かね》なしに受けとることが必要だ、と私は考えている。すなわち、どんな重大事が起こるにせよ、それらを前もって一つひとつ予想・予測しつつ、箇条書きを厭《いと》わず、しっかり対処の方針を思案し書き留めておけ、というのである。じつは、右の『老士物語』の記述が、まさにその吟味・対処の箇条書きという性格をもっていたのであり、常朝が『葉隠』で提案したことの、自身による綿密かつ詳細な吟味・実践記録であったと、みなすことができる。

葉隠武士道は、たしかに、無二無三の突進を唱える直情的かつ攻撃的な武士道であり、重大事の場面にあってはあれこれの思慮・分別を拒否する武士道であった。しかし、それはいついかなるときも無分別であれ、という単純な無分別の礼賛《らいさん》ではなく、高い分別にもとづく「前方の吟味」〔2〕を不可欠の前提とした無分別的行為の勧《すす》めであった。結論的には、いざという時の無分別の決起を支える日々の熟慮（＝分別）と死の覚悟、という武士的人格の形成こそが最も重視されていたのである。このことを看過しないようにしたい。

註〔2〕「前方の吟味」概念の大切さについては、相良亨《さがらとおる》氏も重視している（『武士の思想』181頁）。しかし、氏の場合、「前方に死して置く」というように、「死の覚悟」とだけ結びつけられており、近い将来起こりうる重大事一般という広さ（とそれへの具体的吟味）において捉えられていない、という難点がある。

だがそれにしても、一大事の場での自身による瞬時の決断と行動にあっては、周囲の人間との談合行為、ないし理性的なコミュニケーションは否定される。こういうせっぱ詰まった局面では、かえって時間的余裕や理性的分別は、決断や行動の妨げになる、と常朝はみている。いや、常朝だけでなく、戦乱期を生き抜いた直茂や勝茂などの大名、家老・年寄役、「骨斬《ほねき》り侍」と呼ばれた数多くの鍋島藩士なども、同じ考えをもっていた。生命を賭《と》した闘いの現場では、そんなものは不要不急であり、余裕や分別は武士を「すくたれ者」（＝臆病者）にしてしまう、というのが、彼らの伝統的な思考法だった。ここでは、こういう「コミュニケーションの拒絶（ないし放棄）」が事態の主な本質であった〔3〕ことを、ひとまず確認するにとどめておこう。

註〔3〕ただし、一大事の場面では、原則的に談合を主とする他者とのコミュニケーションが拒絶されたが、上述の「咄を聞き覚え、物の本を見るも、兼ねての覚悟の為なり」とあるように、大事の場面に先立つ「前方の吟味」が重視されたことにも積極的な意義がある。いざというときの堅固な覚悟を身につけるために、前々から年配者の経験に学び、先人のすぐれた書物から英知を獲得することを勧めているからである。その意味で、このプロセスのうちに人間的コミュニケーションの部分的な受容・活用をみることは、まちがいではない。

二　「談合」「面談」行為の諸特性

（一）談合のもつ「柔軟性」

以上、コミュニケーションの「推進」だけでなく、コミュニケーションの「拒絶」も『葉隠』の基本思想の一つであった。このことを確認した上で、かなり迂《う》回《かい》することになったが、前者の「推進」という要素の柱をなしている「談合」概念に、改めて戻ることにする。常朝の「談合」概念には、まだまだ多面的で豊かな特性が含まれており、それを摘出《てきしゅつ》する仕事が残っているからである。

前章の三、四では、談合のもつ「公開性」という特色を明らかにした。それに次いで、私は、談合のもつ「柔軟性（ないし可塑性《かそせい》）」の要素に注目し、その意義を明らかにしてみよう。

囲碁における「脇目《わきめ》八目《もく》（＝岡目《おかめ》八目《もく》）」の例えを引いて、談合を通じての「俯瞰《ふかん》的・総体的見地」の大切さを論じた箇所がある（本書84－85頁を参照）。実はその前文で、きわめて示唆に富む指摘がなされていることに、改めて読者の注意を促したい。

「不義を嫌《きら》うて義を立つる事成《な》り難《がた》きものなり。然《しか》れども、義を立つるを至極《しごく》と思ひ、一向《こう》に義を立つる所に却《かえ》つて誤《あやまり》多きものなり。義より上に道はあるなり。これを見つくる事成《な》りがたし。高上《こうじょう》の賢智《けんち》なり。これより見るときは、義などは細《ほそ》きものなり。我が身に覚えたる時ならでは、知れざるものなり。但《ただ》し我こそ見つくべき事成らずとも、この道に到《いた》り様はあるなり。人に談合なり。たとへ道に至らぬ人にても、脇から人の上は見ゆるものなり。碁に脇目八目と云ふが如し。念々《ねんねん》知非《ちひ》と云ふも、談合に極《きま》るなり。話を聞き覚え、書物を見覚《みおぼ》ゆるも、我が分別を捨て、古人《こじん》の分別に付《つ》く為なり」［聞書一・44］

（不義を嫌って義を通すことは難しいものだ。しかし、義を通すことを最上のことと思い、ひたすらに義を通そうとすると、かえって誤りが多いものだ。義より上に道があるのである。これを洞察することが難しい。それこそ最も高い叡智というものである。

その立場より見れば、義などは些細なものだ。自分自身で悟得《ごとく》したときでなければ、分からないものであろう。しかし、自分自身で洞察することができなくても、この道に到達する方法はある。それは人との談合である。たとえこの道に到達していない人であっても、脇からは他人のことがよく分かるものである。囲碁で「岡目八目」と言われているのと同じことだ。

一瞬一瞬自分の非を知るということも、談合がそのための最上の方法なのである。他人からいろいろ話を聞いて覚え、書物を読んで覚えたりするのも、自分だけの分別を捨て、古人のすぐれた分別にならうためである）

ここでいう「義」とは、当時からすでに、人として行なうべき道、道理・条理、正義・大義・道義などを表現する言葉であることが、一般に知られている。正しさ、正当性感覚、正義感などの別名といってもいい。言うまでもなく、仁《じん》・義《ぎ》・礼《れい》・智《ち》・信《しん》という封建道徳のうちの、不可欠の一原理として、だれもが守るべき、尊重すべき、実行すべき概念であった。常朝もそれをよく知っていたし、その価値・意義を否定するわけではない。しかし、いつでもどこでも義を立てる、義を貫こうとする一途《いちず》な態度のうちに、彼は同時に、大きな危うさを感じ、過ちへの傾斜《けいしゃ》を見てとるのである。

自分がおかれた具体的な状況をよく考えず、「義を立つるを至極と思ふ」（＝義を絶対視する）こと、「一向に義を立つる」（＝ひたすらに義を貫く）ことには、多くの重大な過失や誤謬が発生するものだ、という。この指摘には、かたくなに正義や大義をかかげ、その理念の実現のために邁進《まいしん》することへの、厳しい批判的な眼差《まなざ》しが見られる。原理を信奉するあまり、状況に応じた柔軟な発想や可塑的な方針の追求への道が閉ざされてしまうからである。こうした境地には、自分ひとりで考えぬいて確固とした信念・信条をもつにいたった場合が多い。往々《おうおう》にして独断《どくだん》や独善《どくぜん》がその原因となっている。

「義より上の道」や「高上の賢智」の提唱は、こういう義の絶対視から自由になって、多様な視点から自分を見つめ直し、自分の非についても反省的かつ自覚的であるような、いっそう高い知的な境地《きょうち》の勧めなのである。だから、この立場から見れば、「義などは細きもの」（＝義は些細なもの）と、常朝は断言してはばからない。

では、この高上の賢智はどうすれば獲得できるのか。けっして難しいことではない。一人だけで考えるのではなく、まさに「人との談合」こそ最上の方法であることが明示されている。人と相談し、協議し、他者の経験や知恵をうけいれ（その過程では自分の意見の狭さ・弱点に気づき）ながら、より多様でより広い視点（＝俯瞰《ふかん》的・総体的視点）を獲得すること、そしてそれを自分の体験と結びつけていっそうリアルで包括《ほうかつ》的《てき》な見解や信念へと形成すること（＝上述の「我が身に覚えたる時ならでは知れざるもの」）である。

その意味で、談合という行為は、人の知性に柔軟性を与えるのであり、それじたいが柔軟性を本質としていることが知られる。さらには、それが公正かつ円滑《えんかつ》にすすめば、談合は最も良質な人間的コミュニケーションを可能にするのであり、その種のすぐれたコミュニケーションの中核に位置するものだ、といってよい。しかも、談合のうちに柔軟性という性格をとらえたという点に、実は、翻《ひるがえ》って常朝自身のもつ人間的性格の柔軟性も表現されている、と見ることができるだろう。

江戸中葉期に地方武士の一人にすぎなかった山本常朝という人物が、以上のような卓越《たくえつ》した意見を披歴《ひれき》し、現代のわれわれにその意義をこれだけ強烈に知らしめていることに、私は少なからず感動を覚えている。

（二）コミュニケーションにおける懐疑や批判的吟味の大切さ

談合や面談を柱とする人間的コミュニケーションのなかで、常朝の卓抜な思想的態度として私が挙げたいと思うものに、すぐれた自律性や批判的精神の迸《ほとばし》り・横溢《おういつ》がある。世間の一般常識や臆見《おっけん》に流されず、それらを自らの感覚・思考によって主体的批判的に吟味しようとする態度である。歴史的には主として近代的個人の中で発育し開花した、それゆえ近世武士にはめずらしい先駆《せんく》的な思想的態度だといっていい。次の文などは、それをよく表わしているものであろう。

「僉議事《せんぎごと》又は世間の咄《はなし》を聞く時も、その理《り》を尤《もっと》もとばかり思ひて、そのあたりにぐどついては立ち越えたる理が見えず。人が黒きと云はば黒き筈《はず》にてはなし、白き筈なり、白き理があるべしと、その事の上に理をつけて、案じて見れば、一段立ち上りたる理が見ゆるものなり。斯様《かよう》に眼をつけねば、上手《うわて》取ることはならず。扨《さて》その座にて云ふべき相手ならば、障《さわ》らぬ様に云ふべし。云はれぬ相手ならば、障らぬ様に取合《とりあ》ひして、心《こころ》にはその理を見出して置きたるがよし。人に越えたる理の見ゆる仕様《しよう》は、かくの如きなり。わる推量《すいりょう》、裏廻《うらまわ》り、物疑《ものうたが》ひなどとは違ふなり」［聞書二・１００］

（評議がなされている時もあるいは世間話を聞いている時も、他人が言っている理屈をその通りだとばかり思い、その次元でうろうろしていては、人を越えた道理をつかむことができない。他人が黒いと言えば、黒いはずはない白いはずだ、白いという理屈もあるだろうと、そのことの上に理屈をつけて考えを深めてみれば、一段とよりすぐれた理屈が見えてくるものである。このような点に注目しなければ、人に優越することはできない。さてその場で言ったほうがよい相手であれば、気に障らないように言うべきである。その場で言ってはならない相手であれば、気に障らぬよう対応して、おのが心中ではその道理をしっかりつかんでおくがよい。他人よりすぐれた道理を見つけるしかたは、このようなものだ。悪推量、勘《かん》ぐり、猜疑《さいぎ》などとは同じものでは

ないのである）

藩組織の内部で重要な施策や人事などの公的な議論が行なわれている時、あるいは公的、私的を問わず同僚の間で世間に関する事柄が話題になっている時、その場に身をおいている者はどんな話の聴き方をしなければならないか、を論じた味わい深い記述である。そうした集団の中で、他人が語り主張している見解・論理を、まずはしっかり受けとめることが必要だとしても、なんの疑問ももたず、そのまま単に受け入れ肯定するだけでよいのか、と常朝はきびしく問いかけている。

ここに見られるのは、集団における無批判的な横並び、他者の見解への安易な同調《どうちょう》をつよく戒《いまし》める態度である。集団の中にいる者たちが気づいていない道理や識見《しきけん》を把握するためには、なにより通説や一般的見解に対する「懐疑」が必要なのである。「人が黒きと云はば黒き筈にてはなし、白き筈なり、白き理があるべしと、その事の上に理をつけて、案じて見る」という文には、自主的な思考に依拠《いきょ》するたくましい懐疑的精神、通説への迎合《げいごう》を警戒し斥《しりぞ》ける鋭い批判的精神が、みごとに表現されている。

そうした姿勢であってこそ、慣習や常識にとらわれぬ新しい見方が可能となり、一段とよりすぐれた論理（理屈・道理）がたち現われてくる。常朝によれば、凡庸《ぼんよう》の域を脱して、知的にも精神的にも他人より優越しようと思えば、こういう道以外にはない、と。これは、西洋哲学において伝統的に重視されてきた「方法《ほうほう》的懐疑《てきかいぎ》」〔4〕とかなりの親和《しんわ》性をもつ主張だといっていい。

註〔4〕例えば、有名なデカルトの「方法的懐疑」は、新しい根本的な哲学原理をうち立てるために、すべての存在や事象の真理性を全力で疑いつくす、というものだった。常朝の懐疑は、これほど全面的徹底的ではないが、たしかな真理に達するために、その前提として周りのものに鋭利な疑いの眼を向け、別の新しい知見を得る、という建設的な懐疑の遂行《すいこう》を謳《うた》う点では共通している。

ただし、常朝は、いつでもどんな場面でも、またどんな人に対しても、こうした懐疑的・批判的態度をとるべきだ、あるいは自分の意見・疑義を率直《そっちょく》に表明すべきだ、と主張しているわけではない。年齢や経験の違いの面でこういう態度を受容してくれる人、してくれない人の別があり、また、身分あるいは職務の違いの面で、その種の態度をとることの適切・不適切の別があるはずであろう。この聞書の後半にある、「その座にて云ふべき相手」と「云はれぬ相手」という区別の言葉がそれをよく示している。

封建的な藩組織および身分的な人間関係の中では、かんたんには揺るがないそうした伝統的な枠組みを十分に意識しつつ、機《き》に応じた自主的思考や批判的知性を行使しなければならない。たとえ正しいことであれ、自分の思うところを周囲の者たちに一律に語り、一途に説得しようとする愚かさを、彼はよく知っていた。

しかも、山本常朝という侍は、同時に、なにより配慮の人であった。言うに値しかつ聴き入れてくれる人、すなわち「その座にて云ふべき相手」であっても、慎重にそして「障らぬ様に云ふ」ことを強調している。その時々の他者の気分や感情に細やかな心遣いのできる人だったことの証である。だから、自分の主張を伝えるさいにも、聴いてくれる相手が心から受け入れ、心から納得してくれるような物言《ものい》い、物腰《ものごし》を心がけ、たえずその努力をつづけたことが知られる。

もう一つ、指摘しておきたいのは、最後の文についてである。そこには「わる推量、裏廻り、物疑ひなどとは違ふ」という、ある意味で「ダメ押し」に近いともいえる表現がある。

周りのものごとに対して、また人々の意見や評判などに対して疑うことの大切さを、つねづね常朝は強調したが、もちろん、けっして「為《ため》にする疑い」（＝下心のある疑い）や「疑いのための疑い」（＝疑いの自己目的化）ではなかった。いっそうすぐれた見解や高い道理をつかむための、手段・方法としての疑いであった。

しかし、彼の真意を理解せず、彼の言動を表面的にだけ見る人々から、わる推量・裏廻り・物疑いという低俗なレベルでの評価を投げつけられることも、当然ありえるだろう。当時、日常生活の中で、周りとのコミュニケーションを通して、常朝は、しばしばそういう類《たぐい》の経験をしていたのではないか、と推測できる。その種の曲解《きょっかい》をぜひ避けたかったこと、自分の目的はまさに道理の探究にこそあることを、あらためて正確に知ってもらいたい、という彼の本心が、否定的な意味をもつこれらの言葉から滲《にじ》み出ているのである。

（三）コミュニケーションにおける高い覚悟と自主・自律の大切さ

上述した、一般的な意見や常識にたいする懐疑の大切さと関連するが、面談や衆議がおこなわれている場に自分も加わっている時、高い緊張感や覚悟、および建設的な自己主張の必要性を常朝が強調していることに、私は注目したい。次のような記述がある。

「決定覚悟《けつじょうかくご》薄き時は、人に転《ころ》ばせらるる事あり。又集会咄《ばなし》の時分、気ぬけて居《お》る故に、我が覚悟ならぬ事を人の申しかけ咄《ばなし》などするに、うかと移りてそれと同意に心得《こころえ》、挨拶《あいさつ》もいかにもと云ふ事あり、脇より見ては同意の人の様に思はるるなり。それに付《つき》、人に出会ひては片時《かたとき》も気のぬけぬ様にあるべき事なり。その上、咄《はなし》又は物《もの》を申しかけられ候時は、転ばせられまじきと思ひ、我が胸にあはぬ事ならばその趣《おもむき》申すべしと思ひ、その事の越度《おちど》を申すべしと思ひて取り合ふべし。差《さ》したる事にてなくても、少しの事に違《い》却《きゃく》出来るものなり。心を付くべし」［聞書一・86］

（しっかりした覚悟ができていない時は、他人から足元をすくわれることがある。また、集会などで話がなされている時、気が抜けていて、自分が覚悟していないことを人から言われて話をしているうちに、うっかり相手の話に乗って同意とみなし、いかにもその通りだと言ってしまうことがある。傍《はた》から見ると、同意見の人間だと思われることになる。それゆえ、人と出会って話し合う場合、片時も気を抜かないようにすべきである。さらには、話や言葉をかけられた時は、人から不覚をとらされないように、また自分の考えと合わない事であればはっきりその旨《むね》を述べよう、と思い、そして相手の話の欠点があればそれを指摘しようと考えて、応対すべきなのである。たいしたことではなくても、ちょっとしたことで、重要な誤りが生じるものである。気をつけなければいけない)

個人的な面談や対話、あるいは集団的な審議や話し合いにさいして、常朝が忠告するように、われわれはついついこうした態度をとってしまいがちである。他人の意向や集団の大勢《たいせい》(的意見)を無自覚的または無批判的にうけとめ、その流れに身をまかせることも多い。とくに、しかるべき覚悟や一定の見解をもたず、漫然《まんぜん》とその場に臨んでいる時など、がそうであろう。他人と対立することを避け、集団の中で孤立することを嫌う心情も、知らず知らずそれを促しているにちがいない。

こうしたことに巻き込まれるのは、「決定(の)覚悟が薄き時」であり、「気ぬけて居る故」であり、「うかと移りてそれと同意に心得」てしまうからである。その結果、自分の予想だにしなかった困難な事態や苦境(常朝の言う「転ばせらるる事」)を招いてしまうことになる。覚悟なきゆえの順応《じゅんのう》・同調が、その基本原因だといっていい。

では、こういうことに陥らないためにはどうすべきか。

「片時も気のぬけぬ様」にふるまう、話し合いや対話にさいして「転ばせられまじき」と用心する、「我が胸にあわぬ事」に対して自分の異見を述べ、必要に応じて積極的に反論を提示する、等々が常朝の主張である。換言すれば、目ざさなければならないのは、大事な場での高い緊張感や注意深さの発揮であり、他人に追随《ついずい》せず自ら責任を負《お》おうとする自主性・自律性の堅持《けんじ》かつ回復なのである。〔5〕

註〔5〕福永弘之氏も、『葉隠研究』誌92号の論稿「『葉隠』とプレゼンテーション」中の「三、会議などの時の注意点」で、私と同じ〔聞書一・86〕や〔聞書二・100〕をとりあげて、常朝の見解の特色について論じておられる。会議などの場でどういう心構えや対応が必要か、誤りに陥らず、人より一段上をゆくにはどうすべきか、について、福永氏は私よりわかりやすく説明されている。参照されたい。

最後に補足しなければならないことがある。

先に「談合」という行為を論じたときは、他者や周囲の者の意見を傾聴《けいちょう》し、そこからたえず学ぼうとするオープンな態度が称揚されていたことを、思い出していただきたい。ところが、ここで強調されているのは、それとはかなり異質な態度、つまり他者や周囲の者の意見に安易に流されず、自分の頭で思考し判断せよ、との態度が打ち出されていること、である。どちらかと言えば、「他者とのコミュニケーション関係」のうちにある対立的な要素・側面に光が当てられていることに、気づかされる。

たしかに常朝は、この両側面をとりあげ、そのいずれについても読者に注意を促した。一方では、他者との豊かな交流やオープンな関係性の意義を謳《うた》いあげ、他方では、他者にたいして懐疑的批判的に向き合う自主・自律の意義を謳いあげている。〔6〕片方だけを過大に評価するのではなく、この両方のうちにかけがえのない意義と価値を見いだしていることも、葉隠的コミュニケーション思想の実相なのである。

註〔6〕こうした常朝の思想に触れるたびに、私は、ドイツの哲学者イマヌエル・カントが述べた「非社交的社交性《ひしゃこうてきしゃこうせい》」という人間の矛盾的性格についての議論を、しばしば想い起こす。彼は、「人間は、あい集まって社会を組織しようとする傾向（＝社交性）をもっている」「ところがまた人間は、仲間を離れて自分一人になろうとする強い傾向（＝非社交性）をもそなえている」と言う。これは、前者によって仲間うちの和合・満足・相互愛を発達させると同時に、後者によって孤独を愛し他人に抵抗しつつ自己の才能を開花させる、という矛盾した素質《そしつ》と性向《せいこう》が人間のうちに存在する、ということの指摘である。（「世界市民的見地における一般史の構想」より）　常朝の人間観と同じだとはいえないが、人間のうちに潜む矛盾的性向にたしかな眼差《まなざ》しが注がれている点では、両者の考えがかなり接近していると言えるように思う。

この二つの側面（「他者との交流および外からの知識・経験の吸収」と「他者への懐疑および自律的精神の発揮」）は、それぞれ必要な場と機会において合理性・有効性を発揮するのであり、各々が重要な役割を担《にな》い、そして演じている。それゆえ両者は矛盾《むじゅん》しあう関係に立っているが、そのどちらも大切なのである。一方だけで全体は完結せず、両者ともに他方を必要としていて、他方をけっして軽んじてはいけない。これが山本常朝の本意《ほんい》であり、彼のコミュニケーション思想の真髄《しんずい》であった、と私は受けとめている。

『葉隠』の中のコミュニケーション思想（その三）

一　対話・協議のなかでの「了簡《りょうけん》」

山本常朝のコミュニケーション思想の特色を明らかにするには、なによりまず、当のコミュニケーションが成立している人々の集合的な場や集団的行為に目を注ぐことが必要となる。本章（その一）（その二）でとりあげた「談合」や「僉議《せんぎ》」はその典型であり、それ以外でも、複数の人間たちによって営まれる、ごくふつうの「対話」「相談」「衆議」なども、それに当てはまるもの・それに類するものといっていい。

だが他方、集団的な場や行為を構成する単位として、一人ひとりの人間が心の中に抱き、自ら口に発し、他者に伝えようとするもの、つまり自分の思い・感情・意見・主張などが、存在しているはずであり、また存在していなければならない。この側面こそ、集団の中で個人がはたす不可欠の役割であり、コミュニケーション成立の根本条件だからである。『葉隠』の中で、これに相当する中心的な概念がなにかといえば、まぎれもなくそれは、「了簡《りょうけん》」という言葉である。

常朝がこの言葉をどういう所でどういう意味で使っているかについて、やや丹念に調べてみると、予想以上にさまざまの新しい、また豊かな発見がある。

（一）「了簡」の意味、文中での使われ方

「了簡」が名詞として使われる場合、考え・思案・意見といったほどの意味が多い。例えば、「当座《とうざ》の了簡」とは、その場での思いつき・考えのことであり、「御《ご》了簡次第《しだい》」とは、当人のお心しだい・お気持ちしだい、という意味となる。「了簡出《い》で候様に」とは、よい思案（ないし知恵）が出るように、ということを言い表わしている。

さらに「了簡」が動詞的に使われる場合（「了簡する」

というように）、例えば、「色々了簡仕《つかまつ》り候」とは、いろいろとよく考えてみました、を表わし、「了簡し申し聞かすべき事なり」とは、よく考えた上で言い聞かすべきである、という意味になる。ここで注目されてよいのは、当人ないし自分の意見・考えにとどまらないで、その中身についてあれこれ考えをめぐらす、いろいろ深く考慮する、というぐあいに、しばしば名詞の場合よりいっそう深くて広い性格をもつ概念になっていることだ。したがって、結果的に、「処置・とりはからい・対策など（の思案）」という意味内容（＝めざす目的）をも獲得していることがわかる。

「了簡」という言葉を問題にするさい、それとは反対のことを意味する言葉に注目してみると、また別の発見がある。例えば、「不《ふ》了簡の出頭人《しゅっとうにん》」［聞書二・23］、「この根元《こんげん》の御了簡行《ゆ》き違《ちが》ひ候」［聞書五・46］、「了簡違《ちが》ひ仕《つかまつ》り」［聞書五・64］などの表現が『葉隠』の各所に出てくる。

「不了簡の出頭人」とは、浅くて狭い考えをもつお側《そば》役人であり、「この根元の御了簡行き違ひ候」とは、（この事柄の）根本をはき違えていることであり、「了簡違ひ仕り」とは、考え違いをしてしまい、という意味である。総じて、思いつき的で不適切な判断、偏見にとらわれた狭量な意見、などを意味する場合に使用されている。

世間にはこういう誤った（あるいは一面的な）了簡が多く出回っていることに強い懸念を抱きながら、だからこそ常朝は、その場にふさわしい適切な了簡を発揮するにはどうしたらよいかについて、日ごろから実によく考えぬいていた。

一般に人々が抱きやすい狭い了簡は、どのように発生するものであろうか。『葉隠』聞書の中に、その参考となるものがいくつか示されている。こういう文がある。

「若き時分《じぶん》、残念記《ざんねんき》と名づけて、その日その日の誤《あやまり》を書きつけて見たるに、二十三十なき日はなし。果《はて》もなく候故《ゆえ》止《や》めたり。今にも一日の事を寝てから案じて見れば、言ひそこなひ、仕《し》そこなひ無き日はなし。さてても成らぬものなり。利発任《りはつまか》せにする人は、了簡に及ばざることなり」［聞書一・173］

（若いころ、「残念記」と名づけて、その日その日の過ちを書きつけてみたが、20、30に達しない日はなかった。多すぎて限りもないので、やめてしまった。今でも、一日のことを寝床に入ってから反省すると、言いそこないや仕そこないのなかった日はない。なんとも思うようにならないものだ。利発に任せてふるまう人には、考えも及ばないことである）

若いころの山本常朝が、自分の日々の言動を思い起こしながら、言葉の誤り、行為の過ちを発見し、必死でそれを改めようと努力していたことが知られる。威勢よく始めたのはいいが、自分自身への内省がいき過ぎて、あまりの過失の多さに耐えられず、結局この作業をやめてしまった、という笑えないエピソードである。中途で挫折《ざせつ》してしまった話ではあるが、彼の向上心の強さ、自己反省力の厳しさを示すものであることは疑いえない。それとともに、私は、最後に記された「利発任せにする人は、了簡に及ばざること」という述懐《じゅっかい》と、彼にそう語らせた胸のうちの本音に注目したい。

生来《せいらい》の利発さをもつ人は、頭の回転が速く、直観的な判断によって、そのつど巧《たく》みにふるまうことができるので、常朝のような過失や誤謬《ごびゅう》を犯さないかもしれない。「了簡に及ばざることなり」（＝彼らには考えも及ばない）という語には、利発とはいえない常朝自身が「利発な人」に抱いた、ある種の羨望《せんぼう》の念が言い表わされている、と見ることができるだろう。

だが他方で、利発さにすぐれた人は、要領よく事がらを処理し、失敗に陥ることが少ないために、かえって自分の言動に対する反省をおろそかにする傾向が強い。その面からすると、「了簡に及ばざる」ことは人間にとって大きな欠陥ともいえる。過失を想起《そうき》し検討する、という作業をしなければ、自己反省力も育たないからである。その意味では、常朝は、「利発任せにする人」に対して、きわめて厳しい批判的な視線を向けていたことがわかる。ここでの「了簡」は、単なる意見とか思案とかではなく、自己にたいする吟味や反省を表現している言葉として受けとってよい、いや受けとるべきだと、私は解釈している。

(二)「物知り」と「了簡」、および「不了簡」批判

以上は、すぐれた深い了簡が往々にして「利発さ」と対立することを言い表わしたものだ、とみることができる。それと類似したものとして、多くの知識が必ずしも豊かな了簡を形成するものではない、という主張がある。

「御家《おいえ》の事、御家中《ごかちゅう》の事、古来根元《こらいこんげん》よく存ぜず候て叶《かな》はざる事に候。然れども、時によりて物識《ものしり》が差《さ》し合《あ》ふ事これあるものなり。了簡入《い》るべき事なり。平生《へいぜい》の事にも、案内《あんない》知りて支《つか》へになることあるものなり。了簡入るべし」〔聞書一・95〕

(鍋島家のこと、御家中のことについて、古くからの成り立ちをよく知らなければうまくいかないものである。しかし、場合によっては、物知りがかえって過ちを犯すこともある。十分な思慮が必要なところである。日常のことでも、くわしい事情を知っていることが、支障になることがある。このことも十分に思慮が必要である)

多くのものごとについて正確な知識をもっていることは、たしかに正しい言動を行なうにあたって不可欠なことであろう。とりわけ、御家や御家中の歴史・伝統・文化などの知識は、藩内での武士の正しきふるまい、政策や方針の決定・運用にさいして必須の条件である、と常朝はみている。だが、もつべき知識が多ければよい、博識《はくしき》こそがいちばん重要だ、というのではない。人間関係の中で、じつは「物知り」が障《さわ》りとな

り、過失の原因となる場合も少なくないことを、長い城勤めの経験から、彼はよく知っていた。

　多くの知識を整理もせず雑然と自分の脳中に蓄えていても、いざという時に的確な判断を下せるわけではない。些末《さまつ》な知識がかえって災いとなり、人を大きな失敗に導くこともしばしばある。常朝が「了簡入るべし」と言うとき、ことがらに対する吟味や熟考を強調しているのであり、これまでの自他の経験や周囲の助言・忠告をふまえた深い思慮を意味している。ここでの「了簡」は、「物知り」または薄っぺらな博識とは次元の異なった高い判断だ、と受けとる必要がある（それゆえ、「入《い》るべし」は「要《い》るべし」と読んだ方がより適切であろうし、「了簡入るべし」は「深い思慮・高い判断が必要である」と理解した方が文意に即している）。

　常朝のいう「了簡」は、「利発さ」や「物知り」とかなり鋭く対立する概念であることが、理解していただけたと思う。

　彼がこの了簡とは反対の言葉として使っている「不了簡」という語について考察してみると、この不了簡も、やはりこれまでの論述の延長上でとらえられ、取り扱われていることがよくわかる。「奉公」の心得を論じた箇所で、常朝がその心得の核心を次のように語っている言葉には、すこぶる含蓄がある。

「『奉公は色々心持《こころもち》これありと相見《あいみ》え、大体にては成り兼《か》ね申すべし』と申し候へば、『左様《さよう》にてなし、生れつきの分別にて済むものなり。勝茂公よく御選《おえら》みなされたる御掟《おんおきて》に合はせて行《ゆ》く迄《まで》なり。安き事なり。その中《うち》、御家中下々迄《しもじもまで》の為になる様《よう》にと思うてするが、上《かみ》への奉公なり。不了簡の出頭人などは、上の御為《おんため》になるとて、新儀《しんぎ》を企て、下の為にならぬ事を構はず、下に愁《うれ》ひ出来《でき》候《そうろう》様にいたし候。これは第一の不忠なり。……』」［聞書二・23］

（「奉公にはいろいろな心得があると思われますが、いいかげんな気持では奉公をなしとげることはできないでしょう」

と申しあげたところ、常朝殿いわく「そうではない。生まれつきの分別ですむものだ。勝茂公がお選びになった掟に合わせていくだけでよい。易しいことである。その中で、御家中下々までのためになるようにと思ってするのが、主君への奉公である。思慮の浅いお側の家臣などは、主君のためになると言って、新しいことを企て、下の者のためにならぬことなどお構いなく、下の者に苦しみが生じるようなことをしてしまう。これは、いちばんの不忠である。……」）

　御家や主君にたいする奉公に関しては、あれやこれやといろいろな心得が必要ではないだろうか、との疑問にたいして、常朝は、すぐれた主君が定めた掟や伝統の大切さを強調し、奉公の中心として、御家中下々の幸福・利益を第一に目ざすべきことを挙げている。だが、近年そうした御家にとっての根本原則を軽んずる側近の侍たちが台頭し、藩内で権勢をふるっている現状につよく憤り、常朝は彼らを「不了簡の出頭人」と呼んで、思慮の浅い不心得の侍だと批判していることがわかる。なぜなら、彼らは、「主君のため」という名目の下《もと》に、目新しい方針や「改革」という名の制度変更などに力をいれて、結局は藩内の家臣や庶民によけいな苦しみを作りだしてしまっているからである。

　『葉隠』の冒頭の「夜陰の閑談」の中にも、「斯様《かよう》の時節《じせつ》に、小利口《こりこう》なる者共《ども》が、何の味も知らず、智慧自慢をして新儀《しんぎ》を工《たく》み出し、殿の御気に入り、出頭して悉《ことごと》く仕《し》くさらかし申し候」（このような時節に、小利口な者たちが、この世の深い味わいも知らず、自分の知恵を自慢して新しいことを考え出し、殿の気に入られ、お側近くに出しゃばって何もかも駄目にしてしまっている）という有名な文がある。ここでの聞書とほとんど同じ内容である。この箇所の聞書は、正確には「夜陰の閑談」の記述をくり返したもの、いや、より要約して再述したもの、といってよい。

　二つの記述（「聞書二・23」と「夜陰の閑談」の文）を重ね合わせると、「不了簡の出頭人」とは、「智慧自慢をして新儀《しんぎ》を工《たく》み出す小利口なる者ども」と言い換えることができる。〔1〕それゆえまた、「不了簡」とは、藩の基本方針から逸脱した、不適切で心得違いの意見や方針を意味している。常朝は、藩政上つぎつぎに打ち出された新しい企てにまったく信をおいておらず、それらは浅くて狭い了簡の産物でしかない、とみてとっていたのである。

註〔1〕常朝が批判している当時の「新儀」の主なものとしては、着座づくり、他国者抱え、手明槍物頭組み替え、屋敷替え、御親類同格の家老づくり、向陽軒のとり壊し、掟帳の改訂、独礼家格の設置、西屋敷の造営と解体、足軽組の再編、故藩主の衣装類の分配、等々が挙げられている（「夜陰の閑談」を参照）。これらを見ると、莫大《ばくだい》な財政支出や時間的精神的労苦が必要であったと推測され、常朝の批判には十分な理があるように感じられる。とはいえ、光茂隠居後、3代藩主綱茂治政の初期の、急激な藩政改革にも、一定の理由と必然性があったにちがいないだろうし、すべて無意味・無価値であったとも思われない。全面否定に近い常朝による評価の是非については、当時の社会情勢をふまえた、かなり客観的で綿密な検討が必要であろう。

このように、組織の中で巧みに立ち回る「不了簡」の幹部・重臣にたいする手厳しい批判をとおして、常朝のいう「了簡」とは、藩政の基軸および目的をよく理解した上で、家中下々《しもじも》の者たちの真の福利を実現しようとする深い思慮や判断をこそ、意味していたことが知られるのである。

二　他者との交流を介しての「了簡」の深化・発展（＝「弁証法」論理の萌芽）

（一）諍《いさか》いや議論の中での「了簡」の成熟

『葉隠』の中で「了簡」という言葉が使用されると

き、孤立した個人から発せられる場合は、単なる一つの静的な意見でしかない。ところが、複数の人間の中で、あるいは大勢の集団や組織の中で、それが問題になるとき、了簡なるものは、多くの人間たちの間でいろいろ姿・形を変え、新しい内容を身に帯び、進化し、いわば「成熟」していく。

先に「談合」の必要性を論じたときに引用した、人間どうしの言い争い（例えば、訴訟《そしょう》や裁判など）（本書89頁）で注目された「了簡」という言葉の意味は、時間の経過とともに、変容し、進化し、成熟していくものであることを、われわれに教えてくれる。ここには、コミュニケーションに関する深い思想の源泉がある。重要な箇所なので、その引用文を再掲することを許していただきたい。

「公事《くじ》双論《そうろん》など取合《とりあ》ひのとき、「追って了簡いたし、御返答 仕《つかまつ》るべく」と申したるがよし。たとひ一通り申したりとも、「猶又《なおまた》了簡いたすべき」と、末《すえ》を残したるがよし。扨《さて》その通りを、誰にも彼にも語り、談合《だんごう》評定したるがよきなり」［聞書十・１３９］

（訴訟や裁判などの争いのときには「よく思案をしてからまもなく、ご返事をさしあげる」と言ったほうがよい。たとえ一通りは言ったとしても、「さらにまた、よく考えることにしたい」と、あとを残したがよい。そうして、その中身を周囲のみんなに語り、談合し評議したほうがよい）

利害・得失に関する言い争いでは、その場で思いついた意見を相手にぶつけるだけでは、けっして問題の解決にいたらない。むしろ、紛糾や混乱をもたらすだけだ。両者が使う言葉にくい違いはないか、何と何とが対立しているか、を明確にしながら議論すべきなのである。その意味では、自分の意見、他者の意見を正確にふりかえる必要がある。そのためにも、「追って了簡いたし、御返答仕る」という冷静で慎重な態度が欠かせない。

そのうえでさらに、議論における新しい論点が生まれる場合もありえよう。それをきっかけにした共通点や相違点の気づきが生まれ、さらに克服すべき相違点についてのより高い議論が必要になる。「猶又了簡いたす」という次の段階がつよく要請されざるをえない。

まさに、こういうプロセスを経ながら、議論し合う両者はそれぞれに、浅い了簡から深い了簡へ、狭い了簡から広い了簡へと、たどるべき段階の上昇・発展を経験するのである（この途上で、仲間や同輩との談合・評定によって、自分の了簡の浅さや狭さが明らかになるとともに、新しい観点やより高い視座を得ることができ、問題の解決へ大いに接近する、ということが起こりうる。尤《もっと》も、このことについては「談合」概念を軸にして、すでに述べた）。

常朝のいう「追って了簡いたす」「猶又了簡いたす」という言表は、言い争いや議論の中でしばしば出現する素朴かつ誠実な態度にほかならないが、実はその背後に、良質な人間的コミュニケーションが成り立つために不可欠な「了簡（＝意見）の進化・成熟」という事態が期待され強調されていること、常朝という人物はそれを明瞭に自覚していたことを、看過してはならないと思う。

言うまでもなく、われわれ人間は、表情・態度・しぐさ・感情・音声・言語などを介して、他者および周囲の人々と交流し交際する「コミュニケーション的存在」である。この独特の人間的コミュニケーションの中で、個人がもつ了簡（考え・意見・判断など）は、他者のもつ了簡との接触・切り結びをつうじて、不断に変容し、ときには歪《ゆが》められ・萎縮《いしゅく》させられ、ときには訂正され・修復される。それでも人間相互の交流・交際が、多かれ少なかれ合理性や人格性という特性に支えられている場合には、その中での個々人の了簡じたいも、進化・発展をとげるし、「成熟」への道を着実に歩むことができるだろう。

『葉隠』の中で、常朝が、誠実な人間たちのすぐれた了簡の例を提示するとき、そもそも「了簡の成熟」とは何か、それはどんな結果をもたらすか、をごく自然に諭《さと》すようなしかたで、読む者に教えてくれる。
私はその好例として、本書13―15頁で紹介した、三家不熟問題での中野将監の諫言、および光茂―将監対談を、いま一度とり上げてみたい。「了簡の深化・発展」「了簡の成熟」をめぐる常朝の考えが、これほど見事に表現されている箇所は他にない、と思うからである。

(二)「三家不熟《さんけふじゅく》」問題に見る「了簡」の成熟と問題解決

1670年代末から80年代初めまでの間に起こった、佐賀本藩と3支藩との不和・相克(いわゆる「三家不熟」問題)は、それをややくわしくたどることによって、藩内での意見対立がどうして起こり、どのような努力をつうじて解決されたか、に関する貴重な教訓を人々に与えてくれる。私が本章のテーマとしている「了簡」の問題に引き寄せて言えば、「対立しあう了簡」がどうやって解決され、統一されたのか、をよく示す好個の歴史的事例なのである。

ともあれ、対立はなぜ起きたのか。
周知のとおり、佐賀藩は本藩とともに、小城《おぎ》・蓮池《はすのいけ》・鹿島《かしま》の3支藩をかかえていた。70年代末、幕府から、この支藩に、一般大名なみの役(ないし用命)の直接的な指示が行なわれ、献上品《けんじょうひん》の贈呈についても一般大名と同格の扱いが求められた。その指示や要請に従って3支藩は対応したが、部屋住みの身分であった江戸の綱茂から「本家と分家の格式が狂う」との意見が届き、それを受けて光茂から3支藩へ注意の申し入れが行なわれた。もともと綱茂の横柄な態度に不満をもっていた3支藩は、光茂のこの注意通達に激しく反発し、不同意を表明。本藩と支藩との対立はとけず、藩の家老衆は昼夜、解決のために僉議《せんぎ》をつづけたが、いっこうに埒《らち》が明かなかった。これが事件の概略的な経緯である。

ここで最初に、対立し合った「3支藩の了簡」と「本藩の了簡」を整理しておこう。

支藩側の了簡は、幕府からの用命、および献上品に関する指示は、支藩にとって名誉なことであり、このように分家が本家並みに扱われることを本家は寛大に認めるべきだ、というものであった。それに対して、本藩の了簡は、本藩と支藩の格式は守られるべきであり、同格になることは認めがたい、支藩は用命も献上品も本藩より下位のランクを望むべきであり、それゆえ本藩と支藩との然るべき格式の差異を幕府に伝えるべきだ、というものだった。

この深刻な対立状況を見るに見かねて、年寄役の中野将監が主君光茂の前にすすみ出《い》で、一世一代の有名な「忠義の諫言」をおこなった。

「頃日《けいじつ》より御《お》三人の御衆《おんしゅう》御取り合ひ、今に相済み申さず、不熟の上は御家の大事《だいじ》にも罷《まか》りなるべくと存じ奉り、色々了簡仕り候」［聞書五・46］

（このあいだから起こっている分家のお三方との諍いは、今なお決着がついておりません。対立がこのままですと、お家の一大事ともなると思いますので、私もいろいろ思案しておりました）

将監が「いろいろ了簡」した末の主張・結論を要約して記せば、こうである。

将監はまず、佐賀における本藩と支藩との関係の特殊性・独自性に注意をうながす。本藩の殿（光茂）と3支藩の殿（直能、直之、直朝）とは血縁関係（初代藩主勝茂の子や孫）にあること、3支藩と幕府との関係については、勝茂公の子や孫が幕府に勤めるだけのことであって、綱茂の幕府勤めと同様に考えてすむこと、支藩に対する幕府の覚えがよいことは鍋島家全体のご威光ともなること、を説いたのである。

ついで、将監は近年生じている本藩と支藩との間の心理的感情的軋轢《あつれき》について言及する。

勝茂公の時代は、支藩の家中の者たちも年始や祝事のとき丁重に扱われたが、近ごろは差別扱いをされることが多く、家中の者たちは不愉快を感じて佐賀から立ち去り、これがまた支藩主の憤りにもなっていることを、率直に指摘した。

　ここから明らかなように、将監の諫言を構成している中心的な「了簡」は、これまで分家にたいしてとってきた本家の狭量《きょうりょう》な態度のうちにこそ原因がある、というものだった。それゆえ、事態打開のためには本家が率先《そっせん》して動くべきであり、主君光茂自身がまずは小城藩主の加賀守直能を呼んで、彼の前で自分の過ちを認め、お家長久への協力を求めるよう、進言したのである。

　私が注目したいのは、対立し合う本藩と支藩双方の「了簡」を足して二で割る、というような妥協的ないし折衷的性格の「了簡」を、けっして将監が提案してはいないことである。むしろ、明確にかつ堂々と、支藩側の「了簡」に依拠し寄り添った基本姿勢を堅持しながら、本藩の「了簡」の問題点を指摘し、その撤回を迫っている、というのが真実であった。

　本藩の了簡の特色は、上下の格式の違いを尊重して幕府と付き合う、という点にあり、封建的身分制社会でのいわば「組織重視の論理」にもとづくものだった。それにたいして中野将監の了簡の特色は、本藩の藩主と3支藩主との血縁関係を重視し、勝茂公時代と同様に、支藩およびその家中の地位・扱いを本藩に準じて許容したものであり、いわば「血縁《けつえん》および情愛の論理」にもとづいていた。端的にいえば、一方の「組織」の論理、他方の「情愛《じょうあい》」の論理、そのどちらを重視するか、が問われていたのであった。

　徳川幕藩体制も安定期にはいって、近世的な官僚制の支配が強化されつつある時代だったから、前者の組織の論理が、佐賀藩でも力をもち始めていたことは疑いない。だが将監の提案は、その流れに抵抗するかのごとく、これまでの情誼《じょうぎ》的・人格的な主―従関係の再評価と復活、という内実をもっていた。そして、結果的に、将監の了簡が主君光茂の魂《たましい》を動かし、光茂は、小城藩主直能の前で次のように語って、三家不熟問題での決着をはかったのであった。

「頃日より三人に対し何かとむつかしき取合出来《とりあいでき》、今に相済まずと承《うけたまわ》り候。よくよく了簡申し候處、畢竟《ひっきょう》我等実に誤り候」［聞書五・46］

（このあいだから、分家の３人に対し、なにかと難しい諍いが起こり、いまだに決着がついていないと承知している。よくよく考えてみたところ、けっきょくは私がまちがっていた）

熟慮のすえ光茂が達した了簡（＝結論）は、佐賀藩にとって、また本藩と支藩の関係にとって、上下の格式の違いを明確にする「組織の論理」ではなく、これまでの情誼的・人格的つながりを重視する「情愛の論理」を維持し継承していこう、とするものであったことがわかる。

将監の諫言を受けとめて、情誼的な主―従関係の倫理・伝統が佐賀の地ではまだきわめて有意義であり、藩内和合にとって不可欠である、との了簡を、光茂自身も再認識し納得したのだと考えられる。

【付記】

山本常朝は、『葉隠』の中で、三家不熟問題の発生とその解決の経緯を、以上のように叙述した。だが、佐賀近世史に通じた人なら誰もが知っているように、この本藩―支藩の対立は、１７０３年に、本藩からの「三家格式」の提示でもって幕が引かれた、というのが冷厳な歴史的事実である。

「三家格式」の文面を読むと、本藩による支藩の指示・統制の強化が鮮明となっており、中野将監の諫言がほんとうに生かされたのかどうか、を疑わざるをえないような内容だといっていい。本文で光茂が受容した「情愛の論理」ではなく、官僚制的な色合いの濃い「組織の論理」が支配している。

『葉隠』の記述と「三家格式」の主旨とのこの齟齬《そご》をどう考えたらよいのであろうか。

以下のように、いろいろなケースが考えられる。

将監の諫言に心を動かされ、その方向での解決を許容したものの、あとになって、解決策の不十分さに気づいた光茂がそれを撤回した、という解釈が、まず一つ。

将監の諫言をその場で受容したかのごとくふるまったが、光茂は心からそれに同意したわけではなく、その後も、本藩と支藩との格式の違いを維持する基本姿勢をもちつづけた、という解釈が一つ。

そもそも『葉隠』の記述のうちに描写されている、中野将監の諫言はなかった、光茂―将監対談も、山本常朝による佐賀愛国主義精神からくる美談の捏造《ねつぞう》であった、という解釈が一つ。

ただし、これらの主張は、事実や根拠に乏しく、そう考えることが不可能ではないかもしれない、という性格のものであろう。

それらに加えて、中野将監の諫言行為は『葉隠』の記述通りであり、本藩と支藩との和解実現にむけた光茂による決断と実行も事実であったが、その後、本藩と支藩との格式の違いを原則的に堅持しつづけることの大切さの自覚から、情愛の論理だけにとらわれず、光茂が「三家格式」制定にふみきったのだ、という主張も、十分考えられる解釈の一つ。

光茂は、直茂・勝茂以来、佐賀の地で伝統的に尊重されてきた、情誼的な主―従関係の大切さに気づいていた。だが、江戸育ちの彼は、封建的な位階制社会が要求する、上下の格式の違いを明確にしつつ保持すべきこととの重要性をも理解していた。「三家不熟」事件の解決にさいしては前者の基本姿勢が前面に出てきたのであり、「三家格式」の制定では後者の傾向が顕著になったにすぎない、とする解釈もありうるであろう。二つの事件には、たしかに簡単には相いれない傾向があるけれども、このように棲み分けをして解釈することがまったく不可能だ、ともいえない。

とはいえ私は、一方を「情愛の論理」、他方を「組織の論理」と名づけて、両者を峻別《しゅんべつ》・分断するような解釈をしたキライがある。おそらく、当時の佐賀藩では、この両傾向が対立しあいながらも共存していたはずであり、「三家格式」〔1〕の制定を情愛の論理の全面的否定として解釈しないほうがよいのかもしれない。

註〔1〕じっさい、「三家格式」制定の後でも、3支藩にたいして幕府から一般大名並みの接待役や普請役が命じられており、本藩は、その受諾・実行を支藩に禁じていない、という事実がある。（佐賀県史中巻135頁）

（三）常朝の「了簡」論に見られる「弁証法的思考」

以上、『葉隠』聞書の多くの箇所に「了簡」という言葉が使われ、公的生活でも私的生活でも、「了簡あるべし」「よくよく了簡つかまつる」「なおまた了簡いたすべき」という表現でもって、各自の了簡（＝意見・考え）の深化・発展が、必要に応じて強調されていることが理解されるであろう。ここに、山本常朝のコミュニケーション思想の大きな特色がある。たえず人と人との間で、あるいは集団や組織の中で、自分の意見や知恵だけに固執せず、他者からのいろいろな刺激をうけながら、おのが了簡をより広く深くより豊かなものにしていく努力の大切さを、常朝はくり返し訴えたのである。

私は、こうした方法や態度のうちに、西洋的な「弁《べん》証《しょう》法《ほう》的思考」と同じ精神が息づいているのを見いだす。

自分自身の限られた狭い知識や経験に頼るとき、人は独善《どくぜん》的になり、誤りに陥りやすい。すぐれた知識や豊かな経験を持つ人と談合し、多面的な見方を吸収し獲得しながら、「私《わたくし》なく有体《ありてい》の智慧にて了簡する」（聞書一・5）（私心なく自然でまっとうな知恵で考える）ときには、過ちを避け、正しき道に身をおくことができる。

この考えは、最初になんらかの意見をもつにしても、その意見を絶対視せず、他の意見をそれに対置して、最初の意見の特色および弱点・難点を見いだすことを意味している。換言すれば、これは、西洋哲学でよく言う、弁証法的思考における「定立《ていりつ》」（ドイツ語では「テーゼ」）と「反定立《はんていりつ》」（ドイツ語では「アンチテーゼ」）の関係の成立、である。最初の意見（＝定立）に対して、異なる意見または対立する意見（＝反定立）は、否定的な性格・役割をもつことを言い表わしている。

常朝は、この異なる意見または対立する意見が存在することの重要性について、当時の他のだれよりも、熟知していた。彼が「談合」の大切さを指摘し、談合を介しての意見内容の修正や高まり（＝了簡の成熟）をなんども強調したことに、それがよく示されている。

一般に意見の「違い」「対立」は、衆議の場にあって好ましくないもの・歓迎されえないものというように、ついつい否定的にだけ受けとられがちである。だが、じつは違いや対立があってこそ、新しい気づき・発見が可能となる。だからこそ、これによって予期しない未知の事態への対処も可能となり、その意味では、これほど生産的で創造的な要素はない。ある意見と他の意見が対立しあい、すぐには決着がつかないが、それでもなお両者の間で建設的な話し合いが続けられるとき、両者の意見の長所を取り込んだ新しい見解が成立することが期待できる。それこそ定立と反定立の両要素を含みこんだ「もう一段高いレベルの了簡」の出現、ということになるだろう。常朝がしばしば言及した、「眞の智慧」とか「高上《こうじょう》の賢智《けんち》」と呼ばれるもののことだ。まさに弁証法でいう「総合《そうごう》」（ドイツ語では「ジンテーゼ」）の登場であり、「総合の資格をもった了簡」の獲得である。

もちろん常朝は、「弁証法」などという言葉も理論も知らなかった。にもかかわらず、弁証法という論理の本質にかなり近い思想的態度を公けにしている。それは、彼が推奨し活用してきた「談合」の成果であると同時に、多くの偉人・先達からの学び、彼の日常的

いい。

な読書経験、および思想的反省のなせる業《わざ》だといってと思う。

最後に、私は、常朝の「了簡」論が弁証法的思考と重なり合う部分が少なくない、という事例として、前述した「三家不熟」問題での中野将監の諫言、その後の光茂の決断に、改めてもう一度、目を注いでみたいと思う。

本藩が上下の格式を重んじ、支藩にもそれを強要しようとして、支藩の憤激を買ってしまい、深刻な対立関係が生じたことは、先に述べた通りである。本藩は、基本的に「組織の論理」を通そうとし、支藩は伝統的な「情愛の論理」で対抗しようとした。やや図式的な把握になるが、本藩の了簡が「定立」の性格をもち、支藩の了簡は「反定立」の性格をもっていた。両者の対立を解消するために尽力した中野将監の考えは、前述したごとく二つの了簡の折衷《せっちゅう》ないし中道ではなく、支藩側の言い分を十分受け入れた形での、主君光茂への諫言であった。もっぱら両方の長所だけを包みこんで出された結論ではなかったが、私は、当時の主従関係における情愛と信頼にもとづく藩政こそ事態打開の良策だ、という基本を光茂にも気づかせた点では、実質的に「総合」の見地が提示されている、と評価できるように思う。

将監の諫言を受けて、最終的に光茂が「よくよく了簡申し候處、畢竟我等実に誤り候」［聞書五・46］と語ったことは、あまりに有名である。もっぱら上下の格式の違いを重視して、それを支藩に強要した考えを誤りとみなしている。さらに、情愛・信頼を基盤にした主─従関係や本藩─支藩関係を尊重し実現すること、これこそが佐賀藩では今なお重要かつ有効であり、藩政の基本とすべきことを、将監とともに、光茂も悟ったのである。言葉を換えれば、将監は、光茂は、そのことを事態解決のあるべき「総合（の理念）」（＝ジンテーゼ）にすえるべく決断したのであった。

このように、『葉隠』聞書の中で展開された、三家不熟事件の経緯のうちに、「定立」と「反定立」の成立と相克、その解決としての「総合」の成立、という弁証法的思考の推移、および弁証法論理の原型をとらえることは、けっして無理な読みこみではないと思われる。いや、無理な読みこみでないばかりか、むしろそこにこそ山本常朝の非凡《ひぼん》といってよいコミュニケーション思想の一端（＝近代的性格）がまがうことなく現われ出ている。だからこそ、その点を積極的に摘出することは、常朝思想の豊かな本質を浮かび上がらせる上でも不可欠であり、またきわめて有意義ではないか、というのが本章の最終的結論である。

第三章　『葉隠』の中の人間主義倫理

『葉隠』の中の人間主義倫理
（Humanistical Ethics in "HAGAKURE"）

要　旨：『葉隠』は、武士道の書であるが、戦士的武士と文官的武士の異質な価値観を同時に表現しており、正確には、「武士道」と「奉公人道」の両面を統合した歴史的文書だ、と理解する必要がある。この書が成立した時代背景を反映して、その叙述には、江戸中期の官僚制組織の中で、御家のため、主君のために献身した武士たちの喜怒哀楽や人生観が生き生きと語られている。そこには、現代人も傾聴に値する、一定の合理的かつヒューマンな思想・言動が登場している。本稿では、藩組織の中での、対話や他者説得の目的とあるべき方法、自他間のコミュニケーションを支える人間主義倫理などを、『葉隠』聞書に即して具体的に吟味し解明する。

キーワード：武士道と奉公人道、他者説得の方法、人格的な自他関係、人間主義倫理

一　葉隠思想の基本特性と多面的性格

日本の武士道の古典ないし名著として評判の高い『葉隠』は、周知のように、徳川幕藩体制の安定期といってよい江戸時代中期（18世紀初め）に成立した書物である。佐賀という地方の藩士であった山本常朝が口述し、それを後輩の田代陣基が筆録するとともに、その他多くの大名・武将たちの言動や価値観をも網羅しつつ、整理・編纂したものだった。

この書の特徴として、まず注目すべきは、戦国時代の数多くの戦闘に従事した武士たちのふるまいや考えが生き生きと記述されていると同時に、泰平期に城勤めの人生を送った武士たちのふるまいや考えが、随所

に紹介され、ときには混じり合って登場していることである。誤解をおそれずやや単純化すれば、前者のうちには主に「戦士的武士」の姿・言葉が描き出されており、後者のうちには主に「文官的武士」の姿・言葉が描き出されている。

さらに言えば、戦国期の戦士的武士には、勇猛・果敢、恥への雪辱《せつじょく》、速断・決起などの徳目が期待されていたが、泰平期の文官的武士には、忍耐を要する家職の遂行、上意下達の組織的ルールの遵守、公正で倫理的な対人関係の形成などが求められていた。もちろん、戦国期から江戸時代末期まで、士農工商という身分制度の中で、封建的な世界観・人生観こそが基本でありつづけたし、『葉隠』の基調をなしている「御家《おいえ》の長久・繁栄」および「主君への没我《ぼつが》的献身」の思想は、いささかも揺るがなかった。

こうした時代背景のもとで、山本常朝は、比較的安定した太平の世にあって、佐賀藩の第2代藩主、鍋島光茂のお側役として、数十年の長きにわたる側奉公に身をささげた文官侍であった。しかし彼は、武士としての意地と誇りを失わないためにも、戦国時代の戦士的武士たちへの憧憬と敬意を忘れず、彼らの戦闘的で自律的な精神を継承しなければならぬ、という気概の持ち主であった（彼の自我形成過程で、戦乱期を生き抜いた祖父や父からの影響が大きかった）。「葉隠聞書」冒頭の「武士道といふは死ぬ事と見付けたり」というあまりにも有名な言葉は、大事にあっては自らの死を怖れず直ちに立ち上がる、という攻撃的かつ直情的な武士道の真髄を表現している。

戦闘的な武士道精神を擁護し高唱したことが、たしかに『葉隠』の一大特色であった。しかし、戦乱状態がおさまり、大きな戦いがほぼ終息した泰平期にあっては、武士は、生きる目標を変えざるをえなくなった。いわば「人生目的の再設定」が必要となったのである。武士道に代わる新しい生き方として、城勤めをつうじて主君や藩に貢献する「奉公人道」〔1〕が登場した。誤解をさけるために言えば、武士道そのものが捨て去られたわけではない。常朝は、むしろ武士道の維持・継承を一貫して重視した。じっさい、大きな戦乱が止んだとはいえ、江戸期中葉の当時でも、藩内外には、多くの暴力沙汰があり、軍事的な紛争があり、それゆえ武力的な対処や解決が要請される機会も少なくなかったからである。

また、上述したように、「奉公人」身分だとしても、武士は武士であり、「如睦《じょぼく》でも甲冑《かっちゅう》でも」（平時でも戦時でも）死を恐れぬ精神が不可欠だ、という基本姿勢の保持を、常朝はたえず後輩武士たちに訴えたのである。

だがそれにしても、武士たちの人生および社会生活の基軸は大きく変化した。今や、戦場での命がけの攻防ではなく、いわゆる「畳の上での奉公」となった。戦国時代末期から江戸時代後期まで、徳川幕府による中央集権的な統治のもとで、全国各地では、日本史研究者の言うところの「近世的家産官僚制」組織が形成され、独自の伝統を重んじつつ、多様な発展をとげた。すなわち、多くの戦国大名が自身の本家（佐賀では鍋島家）の権勢と財産の堅持・拡大をはかり、上意下達《じょういかたつ》のヒエラルヒー的組織を整備し、領国ないし地元藩における権威主義的な政治および封建的な経済政策をおし進めた。もっとも、権威主義的な藩統治ではあったが、封建的な価値観一色の、柔軟性を欠いた、合理的ではない政治・経済だけが支配した、とみるのは正しくない。

各藩は、多数の農漁民や商人・職人をかかえ、領民の生活や家職を保障し、自然的・社会的災害や武力的危機から彼らを守らなければならなかった。各地で唱えられていた「仁政《じんせい》愛民」思想をそれなりに尊重し、民衆の不満を暴発させず、強訴や一揆を発生させないだけの、賢明かつ合理的な施策実現に尽力する必要があった。佐賀藩でも、一般民衆の安寧・福利を守り、それを順調におし進めていくために、藩組織内部の、政策の立案者や遂行者は相当の重い責任を負い、日夜たゆまぬ努力をつづけざるをえない。民衆の生活にかかわる外的諸条件や変化を適宜《てきぎ》うけとめ、的確に判断し、すぐれた方針策定をおこなう、という作業は、官僚制組織の内部に、かなり柔軟な発想や合理的な決断を産み出す大きな原動力となる。外が内に影響を与え、内は外の変化を反映した。

山本常朝は、『葉隠』の中で、藩内での家老・重臣による協議、藩士たちの集団的討議（「僉議《せんぎ》」や「談合」）、さまざまな場での衆議など、を取り上げ、そこでの意見表明や発言のあり方、他者との意思疎通《いしそつう》や説得の仕方、を論じている。そこには、全国各地でもひじょうにまれなほどの、豊かな知恵にあふれた繊細で緻密《ちみつ》な提言や忠告が見出される。私が驚きを禁じえないのは、封建的な価値観だけからは出てこない、じつにヒューマンな、ときには近代的かつ民主的といってもよい、すぐれた発想や思考の原型が存在していることである。私は、本論稿で、（やや雑な概括ではあるが）それらをまとめて「人間主義倫理」と呼び、そのユニークさや鋭さ、その先見性や民主性を、できるかぎり明らかにしてみたいと思う。

二　対話と説得の極意《ごくい》

近世的な藩組織の中で、常朝がじっさいに身をもって経験し、学びとったものはじつに数多い。『葉隠』には、長期の城勤め、献身的な側奉公をつうじて、彼がいかに鋭い人間観察をしているか、そしていかに多面的な人間観に達しえているか、を示す文や語句がいたる所に表現されている。

代表的なもののその一つが、「他者を説得する方法と態度」に関する記述である。次の聞書はその典型的なものといってよい。以下はまず、その前半部である。

「上下萬民《ばんみん》の心入れを直し、不忠不義の者一人もこれなく、悉《ことごと》く御用に立て、面々安堵《あんど》仕り候様に仕なすべしと、大誓願を起こすべし。（中略）人の癖を直すは我が癖を直すよりは仕《し》にくきものなり。先づ一人もえせ中《なか》を持たず、近付《ちかづき》は素より、見知らざる人よりも、恋ひ忍ばるるやうに仕なすが基《もとい》なり。我が身にても覚えあり。相口《あいくち》の人より云はるる意見はよく請《う》くるなり。さて意見の仕様《しよう》は応機説法《おうきせっぽう》にて、人々のかたぎ次第に、好きの道などより取り入りて云ひ様品々あるべし。非を見立てて云ひたる分にては請けぬ筈なり。」［聞書二・129］〔2〕

（上下万民の心のあり方を直し、不忠不義の者が一人もいないように、すべての者が御用に立ち、だれもが安心して生きられるようにしようと、大誓願を立てるべきである。（中略）他人のよくない癖を直すのは、自分の癖を直すより難しいものだ。まず、仲のよくない友を一人も持たず、親しい人はもとより、見知らぬ人からも、恋い慕われるようにするのが基本である。私も身に覚えがある。気の合った人から言われる意見は、よく受け入れるものだ。さて、意見の仕方は、機に応じた説得法が必要であって、人々の気質に合わせ、相手の好きな道などから入っていって、言い方にもいろいろ工夫が必要だ。人の欠点を見つけて言い立てる仕方では、相手も受け入れないはずである。）

ここに見られるのは、上から目線の、他者に教え諭《さと》すような態度ではない。同じ対等の仲間だという自覚のもとに、相手との信頼関係を土台にした意見の表明である。この箇所の中心は、まさに「応機説法」という言葉に凝縮されている。「機に応じた」ものの言い方こそが重要なのだが、その「機」とは、ほかでもなく、適切な機会や時機・時期を意味している。遅すぎても、早すぎてもよくない。言うべき最良の時期を失《しっ》してはならないのである。同時に、「機」には、人の気質・素質という意味もある。相手の気質にふさわしい対応・対処が求められている。だとすれば、人になんらかの意見を伝えようとする場合、言う必要のある時期を選び、しかも、相手の気質に配慮した言い方が不可欠だということになるだろう。「時期」と「気質」への注目・重視が、二大要件なのである。

常朝は、説得の出発点として、相手の「好きの道」より入ることを提案している。むりに自分をおさえて、相手に迎合し、相手の趣味や感情におもねることを勧めているわけではない。自他の意思疎通が成立するには、共通の関心が必要だ。同じ関心事があってこそ会話が始まる。それは、信頼関係形成の第一歩にほかならない。当たり前のことが言われているようだが、建設的な会話の発端《ほったん》として傾聴されてよい主張だと思う。

この提案のあとに続けて、常朝は、次のような主張を諄々《じゅんじゅん》と説いていく。

「我はよき者になり、人は悪しき者に言ひなしては何しに悦び申すべきや。先づ我が非を顕はし、「何としても直らぬ故、宿願をも懸け置きたり。懇意の事に候間、潜かに意見召され給ひ候様。」になどといへば、「それは我等も左様にあり。」と申し候時、「さらば申し合せて直すべし。」と云ひて、心に能《よ》く請け候へば、やがて直るものなり。一念発起すれば、過去久遠劫《くおんごう》の罪を滅するもこの心なり。」［聞書二・１２９］

（自分は善い者になり、人は悪い者のように言うのでは、相手はどうして悦ぶことがあろうか。まず自分の欠点をうち明けて、「どうしても直らないので、神仏への願もかけている。互いに親しい間柄なのだから、こっそり意見をしてもらえないだろうか」などと言えば、相手が「それは自分とて同様だ」と言うだろう。そんな時、「そうであれば、互いに申し合わせて一緒に直すことにしよう」と言って、心によく受けとめ合えば、欠点もやがては直るものだ。「一念発起すれば、永遠に長い過去からのすべての罪も消え去るべし」という弥陀《みだ》の言葉も、まさにこの心である。）

上の文には、他者説得にさいして、相手の好ましくない癖や欠点にどう向き合うか、そしてどういう方策を選択するか、が具体的に述べられている。まさに応機説法の中心部分だといっていい。結論から言えば、まず第一に、他者の非を言い立てないこと、二つ目には、自分自身の非をも披露すること、三つ目には、相手と自分自身の両方の非を一緒になって改善しよう、と呼びかけ、そして共同して実践すること、である。

ここには、自分も相手も共に、過ちを犯す弱い存在であり、また悪しき癖や資質をもつ不完全な存在であること、への痛切な自覚が言い表わされている。それゆえ、自分は善人で他者は悪人だ、という態度は大きな偏見なのだ、という鋭い自己反省力《はんせいりょく》のほとばしりがある。だからこそ、わが非も打ち明け、協力して自他の非をいっしょに改善しよう、と呼びかける実践的かつ倫理的な態度もおのずと出てくる。

　このように、常朝がめざす自他のコミュニケーションは、たんなる相互の意見交流のレベルにとどまらないで、自己形成や人格陶冶《とうや》をうながす道徳的かつヒューマンな関係にまで高められていることがわかる。

三　自他の信頼関係を支える人間主義倫理

　こうした人格的な自他関係を成り立たせる土台として、常朝は、対話をおこなう個人自身のすぐれた人間的資質がなにより大切であることを強調していたし、また期待もしていた。コミュニケーションの基礎に、いわば人間主義倫理がすえられていたのである。以下の2つの文は、それをよく表わしている。

「少し理屈などを合点したる者は、やがて高慢して、一《ひと》ふり者と云はれては悦び、我今《われいま》の世間に合はぬ生れつきなどと云ひて、我が上あらじと思ふは、天罰あるべきなり。何様《なによう》の能事《のうじ》持ちたりとて、人の好かぬ者は役に立たず。御用に立つ事、奉公する事には好きて、随分へりくだり、朋輩《ほうばい》の下に居るを悦ぶ心入れの者は、諸人《しょにん》嫌はぬ者なり。」［聞書一・１２３］

（少しばかり物の道理を心得た者は、やがて高慢になり、ひとくせある者と言われて悦び、自分は今の世間には合わぬ性格だなどと言い、自分より上等の者はいないと思うようになる。こんな人間には、天罰が当たるだろう。どれほどの能力をもっていたとて、人に好かれぬ者は役には立たない。御用に立つこと、奉公することを自ら好み、おおいに謙虚さをつらぬき、同僚の下にあることを悦んで受け入れる者こそ、周りの者たちに嫌われない人間なのだ。）

「朋輩《ほうばい》と仲悪しく、かりそめの出会ひにも顔出し悪しく、すね言のみ云ふは、胸量狭き愚痴より出ずるなり。自然の時の事を思うて、心に叶はぬ事ありとも、出会ふ度毎《たびごと》に会釈よく、他事《たじ》なく、幾度にても飽かぬ様に、心を付けて取り合ふべし。（中略）また人を先に立て、争ふ心なく、礼儀を乱さず、へり下りて、我が為には悪しくても、人の為によき様にすれば、いつも初会《しょかい》の様にて、仲悪しくなることなし。」〔聞書一・164〕

（同僚たちとの仲が悪く、一時的な集まりにも顔を出さず、すね言ばかり言うのは、心の狭い愚かさからくるものだ。いざという時のことを思って、自分の心に合わないことであっても、人と出会うたびに快く挨拶し、心へだてなく、何度でも、わずらわしく思わず、心を尽くして、付き合うべきである。（中略）また、他人を先に立て、争う心なく、礼儀を保ち、へりくだり、自分にとっては得にならなくても、人のためになるよう努力すれば、いつも初めて会った時のように、仲が悪くなることはない。）

藩という集団的組織の中では、自分の損得を中心に動く人間は、周囲から疎《うと》んじられ嫌われる。同僚や周囲の者への思いやり・配慮が欠かせないし、互いの信頼や絆を強めるふだんの努力が必要となる。加えて、文官的武士としての謙虚さ、礼儀正しさをつねに発揮しなければならない。「オレが、オレが」という自己主張・自己顕示は、組織内の融和をくずし、同僚たちの反感・恨みを醸成する。集団の中で、他者を立てながら自分の持ち場を守り、公益のためになすべき仕事をする人間こそ、周囲から評価され、尊敬もされる。そういう人間こそ「好かれる者」であり、「嫌われぬ者」だ、と常朝は言う。

「何様の能事持ちたりとて、人の好かぬ者は役に立たず」とあるように、仕事上の能力より周囲の人間から好かれているか否か、を常朝がなにより重視していたことに注目すべきであろう。じっさい、泰平の時代にあって、仕事上の高い能力をもっているとしても、同僚や後輩に好かれず、彼らが慕いもせず後についていかないような人間は、多くの者の協力を得られず、なんら力をもつことができない。人の和を大切にせず、孤軍奮闘しても、孤立した高い能力はしばしば挫折し、けっして実を結ばない。人に好かれる人間は、最初それほどの能力がなくとも、性格が独善的でないぶん、周りの意見に耳を傾け、多くの知恵や経験を集めることができる。好かれる性格は、すぐれた能力の獲得に通じている。常朝が「能力」より「性格」を高く評価したのも、長い城勤め経験をふまえて、彼自身が深く実感し心から納得した結論だったにちがいない。

　組織人としての「性格」の良さにこそ価値をおいた常朝は、人が過ち・誤りを犯したとき、どれくらい真摯にそれと向き合うことができるかに、内面の人間性が如実に現われることを見抜いている。こういう聞書がある。

「過って改むるに憚《はばか》る事なかれ。」といへり。少しも猶予なく改むれば、誤忽《たちま》ち滅するなり。誤を紛《まぎ》らかさんなどとする時、猶々見苦しく、苦しみあり。禁句などを言ひ出したる時、手取早《てっとりばや》にその趣《おもむき》をいへば禁句少しも残らず、心屈せざるなり。若《も》し又咎《とが》むる人ならば、「誤つて申し出で候故、その謂はれを申し披《ひら》き候に、御聞分《ききわ》けなくば力及ばず候。存じ当らず候て申し候へば、御聞きなく同然にて候。誰が上をも沙汰は致す事に候。」と言ひて覚悟すべし。さてこそ、人事《ひとごと》隠し事、ふつと云ふべからず。又一座をはかりて、一言《いちごん》も云ふべき事なり。」［聞書一・90］

（「過って改むるに憚ることなかれ」ということわざがある。過ちを犯してもすぐに改めれば、その誤りもすぐに消え去るものだ。誤りをごまかそうとすると、なおいっそう見苦しくなり、苦痛も生じる。忌避すべき言葉を言ってしまったとき、口に出した事情をすばやく釈明すれば、そうした言葉もあとに残らず、負い目を感じないですむ。もしそれでも咎める人がいれば、「誤って口に出してしまったので、その理由を申し述べたのだが、納得していただけなければ、いたしかたない。知らないで言ってしまったことなので、あなたのお耳に入らなかったのと同じことです。どんな人でもうわさは避けられないものだ」と言って、覚悟の気持ちを示すべきである。だからこそ、他人のことや隠しごとを、けっして言うべきではない。また、その場にいる者たちのことに配慮して、自らの一言も語るべきなのである。)

集団の場では、よくよく一言の重みを自覚しつつ、自分の言葉を発する必要性が強調されている箇所である。しかし、いつもその場にふさわしい正確な言葉使いができるわけではない。過ちも当然起こりうる。では、誤った言動をした場合、どう対処するか。

常朝は、過ちに気づいたとき、まずそれを率直に認めることを提唱する。なんといっても第一にとるべき態度は、誤りを誤りとして受けとめる誠実さであり、謙虚さである。ごまかしたり、隠したりすることは論外だ。第二に、(可能であれば)過ちの理由を丁寧に述べ、できるだけ速く訂正に努めることである。ぐずぐずしていると、周りの誤解がさらに大きく深刻なものになってしまうだろう。このように、同僚たちへの配慮を忘れず、自分の過ちに謙虚に向き合える人間性を土台としてはじめて、他者との人格的な意思疎通が可能になることを、常朝はくり返し説いている。過ちを受け容れる柔軟性や寛容さ、過ちを迅速に正そうとする誠実さ、こうした人間主義倫理と呼びうる道徳的な行為は、武士どうしの関係であれ、その他どんな社会的関係であれ、人間的コミュニケーションを構成する不可欠の土台なのである。種々の事例をとおして、『葉隠』は説得的にそのことを教えてくれる。

四　常朝の悪事論・悪人論

上述した常朝の人間関係論は、同僚間のすぐれたコミュニケーション的関係がすぐれた善良な個人によってこそ支えられることを、その主旨としている。だが、組織内には、それを攪乱したり、悪しき方向に導く諸条件も少なくない。「悪貨が良貨を駆逐する」場合である。藩士たちのふるまいを通して、しばしば善悪・正邪の両面を体験しつづけた常朝は、なにを悪事とみなし、どんな人間を悪人とみなしたであろうか。つぎの聞書は、それをみごとに浮き彫りにしている。

「悪逆の者の仕方は、人の上の非を見出し聞き出して、語り広げ慰むなり。又、「何某《なにがし》こそ斯様《かよう》の悪事故、御究《きわめ》にも逢ひ、閉門蟄居《ちっきょ》仕り居り候。」などと無き事までも言ひはやらかし、世上普《あまね》く取沙汰《とりざた》させてその者の耳に入れ、扨《さて》はこの事顕はれ候と存じ、先づ病気分にて引き入り候時、「我身に悪事ある故、手前から引き取りたり。その仔細御改《おんあらた》めあるべし。」と沙汰して歴々の耳にも入れ、止む事なく悪事になる様に仕なすものなり。この手を知らで、うろたゆる者を笑ひ、悪事になして面白がり、又我身の為の工《たく》みにも仕るものにて候。度々《たびたび》ありし事なり。（中略）広き御家中なれば、斯様の佞悪《ねいあく》の者、何時の世にもあるものなり。覚悟すべき事なり。」［聞書一・57］

（悪人のやり方は、他人の過ちを見つけ出し聞き出して、それを言い広げて楽しむことだ。また、「誰々はこのような悪事があったので、お取り調べをうけ、閉門蟄居を命じられた」などとありもしないことまでも言いふらし、世間一般にうわさを広げて、当事者の耳に入るようにする。その人が、さては事が露見したと思い、まず病気などを理由に家にひきこもると、「我が身に悪事の覚えがあるので、自分から引きこもったのだ。その事情をお調べになるとよい」と言い出して、重臣たちの耳にも入れ、やむなく悪事になるようにしてしまうのである。このやり方を知らないでうろたえる者を嘲笑し、悪事に仕立てて面白がり、自分の出世のためにも謀ろうとする。このようなことは、たびたびあったことだ。（中略）数多くの家臣の中には、このような佞悪の者がいつの世にも存在するものだ。よくよく覚悟しておくべきである。）

日常生活に即して、悪事とは何か、悪人とは何か、を定義し説明した、教えられるところの多い記述である。取り上げられているのは、人を殺傷したり、金品を盗んだりする、法的な分野での重大な悪事・悪人ではなく、藩組織や日常生活の中で、他人の心を傷つけ、社会的なダメージを与える悪事・悪人のことである。

見られるように、その所業の中心は、人の過ち・欠点をつかみ出し、はやし立て、言いふらすことにある。さらにその過ちを上役の耳に入れ、誇張し拡散する。こうした言動の背景には、他人を貶めることへの快感があり、他人の価値を低下させて自分の地位を高める欲求があり、そうした術策による自分の出世・昇進、という狙いがある。前章で取り上げた、「人に好かれる性格」（その内実は、謙虚さ、他者への配慮、寛容、過ちの認容・迅速な訂正、等々）とはまったく反対の人間性といってよい。

この種の人間性の中核にひそむ感情や価値観は、他者の成功・幸福にたいする嫉妬や羨望であり、先を行く同僚の過失や挫折を喜ぶ敵意であり、自己利益を公益より優先させ、時にはそれを最も重視するエゴイズム、である。だから、他者の非にはきわめて敏感で厳しく、自身の非に対してはきわめて鈍感で甘い態度になる。

「斯様の佞悪の者、何時の世にもあるものなり」との、常朝の慨嘆《がいたん》が示すように、藩組織の中で、彼自身が多種多様な善人（的侍）と悪人（的侍）とのはざまにあって、いろいろ苦労させられたことが想像されうる。時代は変わっても、人間の本質はそれほど変わらない、というある種の諦念すら垣間見られる。それは、かならずしも楽しくはない経験であったろう。だが、そのことは、長い人生において、けっして無駄だったとはいえない。家中での対立的な言動や矛盾しあう人間性に直面し、それらをじっくり観察することによって、むしろ彼は、大いに精神的に鍛えられ成長した、と考えられる。おかげで、彼は、さまざまな藩士たちの能力や個性に通じることができ、それゆえ人間の肯定的側面と否定的側面をより深く把握することもできた。山本常朝が『葉隠』の中で提示してくれた、硬軟両様の豊饒でしたたかな人間観のうちに、私は、改めてそれをつよく実感するのである。

註

〔1〕 近年の日本では、『葉隠』を(1)「武士道の書」、(2)「奉公人道の書」、(3)「武士道と奉公人道の書」と解釈する研究者に分かれており、統一見解が成立していない。(1)には、和辻哲郎［1］、古川哲史［2］、丸山眞男［3］らが属し、(2)には小池喜明［4］が属し、(3)には相良亨［5］、山本博文［6］、種村完司［7］らが属している。このあたりの事情については、種村完司著『『葉隠』の研究』（九州大学出版会）第七～第九章を参照されたい。

〔2〕 引用文の原典は、和辻哲郎・古川哲史校訂『葉隠』（岩波文庫）である。この後につづく現代訳については、奈良本辰也訳、相良亨訳、松永義弘訳等も参照したが、最終的には、著者（種村）が吟味・判断し、訳の責任を負っている。

参考文献

［1］和辻哲郎『日本倫理思想史 下』全集第十三巻（岩波書店）1977
［2］古川哲史『葉隠の世界』（思文閣出版）1993
［3］丸山眞男『丸山眞男講義録』第五冊（東京大学出版会）1999
［4］小池喜明『葉隠　武士と「奉公」』（講談社学術文庫）2013
［5］相良亨『武士の思想』（ぺりかん社）2004
［6］山本博文『『葉隠』の武士道』（PHP新書）2001
［7］種村完司『『葉隠』の研究　―思想の分析、評価と批判―』（九州大学出版会）2018

第四章　『葉隠』をどう読むか

――拙著『『葉隠』の研究』をめぐる亀山――　種村往復書簡

『葉隠』をどう読むか（その一）

一　はじめに

私（種村）は、昨年5月、ここ10年来の研究成果をまとめて『『葉隠』の研究』（九州大学出版会）を公刊した。多くの研究者や知人に贈呈したところ、少なくない反響があり、貴重な感想や評価を得ることができた。中でも、私とは数十年の付き合いがある篤学の同僚、亀山純生《すみお》氏〔1〕から、じつに丁重でレベルの高い読後感・評価が送られてきた。

註〔1〕氏は、1948年の石川県生まれ、東京農工大学名誉教授。倫理学・宗教論・日本思想が専門で、とくに親鸞研究の第一人者である。主な著書に『〈災害社会〉・東国農民と親鸞浄土教』（農林統計出版）、『環境倫理と風土』（大月書店）、『現代日本の「宗教」を問い直す』（青木書店）、『中世民衆思想と法然浄土教』（大月書店）、『うその倫理学』（大月書店）、『人間と価値』（青木書店）などがある。

私は、拙著にたいする亀山氏の深い読みこみ・豊かな解釈、友情あふれる批評に感銘をうけ、彼のいくつかのすぐれた指摘や主張にたいして、ぜひ積極的に応答したいと思い、時間をかけて私なりに思索し記述した応答文書を送った。こうして、2人の間で、2、3カ月にわたって数回におよぶ（メールファイルによる）往復書簡がかわされることになった。中尾久司氏から会誌『葉隠研究』への投稿を依頼されたとき、直接ないし間接に『葉隠』に言及している、われわれのこの往復書簡は『葉隠研究』誌の内容にもそれなりに適合しているのではないか、また、『葉隠』に関心をもつ会員・読者にも葉隠読解を深める上で少しはお役に立てるのでは、という思いから、本誌に投稿することを決意した。

読んでいただければお分かりのように、2人の間でかわされた往復書簡は、いくつかのテーマにわたっている。現代のわれわれは、過去の重要な思想（とくに日本の思想）にどう向き合ったらよいか。当の思想が呈示している「普遍性」とは何か、またそれをどう汲み上げるべきか。葉隠思想に普遍性はあるのか、あるとすればそれをどこに捉《とら》えたらよいか。葉隠思想の現代的意義とは何か、どこのどういう点を受け継いだらよいか。こうしたことが、両者のやりとりの前半の箇所で取り上げられ、各々の見解が開陳されている。

後半には、これまで多くの研究者にあまり注目されてこなかった、『葉隠』と鈴木正三《しょうさん》（江戸初期の仏道者）の思想との関係が議論されている。この問題の背景には、亀山氏が親鸞をはじめとする日本の仏教諸思想に広く深く通暁していて、日ごろから正三の「死に習い」論や「心身不浄観」、武士のうちに見られる「殺生罪悪感」などに鋭い関心を寄せてきた、という氏自身の基本姿勢があったことをつけ加えておきたい。

われわれ2人は、相手の記述に対して時には質問を呈示し、それに回答したり、また多くの論点をめぐって自由に意見を出し、自分なりの結論を示し合った。十分には考え抜いていない点に気づいて、関連する他の本を読んだり、改めて自身の思索を深めることもできた。お互いの意見表明を契機とした、相手の考え方からの刺激や学びのおかげである。とはいえ、取り上げたテーマはやさしいものではなく、簡単に結論の出せるような代物でもなかった。われわれの主張は、確固とした結論などではなく、今後の探究にあたっての踏み石にとどまるものであろう。そのような性格の諸見解として受けとめていただきたい。

（なお、じっさいの往復書簡はかなり長いものになったので、本書では、（その一）、（その二）というように、（『葉隠研究』誌では、第86号と第87号）の2回に分けて掲載されている。

二　種村氏著『『葉隠』の研究』への感想的メモ

亀山　純生

（一）総括的感想と思想史の視点

実は残念なことに、私自らは『葉隠』をまともには読んだこともなく、まして内在的に向き合ったことはない。だが、和辻哲郎・丸山眞男・相良亨その他の日本思想史通史等、での『葉隠』の扱いについての記憶に照らす限り、本書は最も主体的内在的に『葉隠』と向き合い、思想史の原則に則った『葉隠』の全面的かつ過不足なき日本思想史的位置づけと評価の研究――おそらく日本思想史上初の――と思われる。特に、『葉隠』の先行研究の丁寧なリサーチと評価は圧巻であり、そこから改めてそう推察する。

本書は、種村氏が最初に『葉隠』に注目した「武士道」＝「死ぬこと」の強烈なインパクトを担保しつつ、その現代的意義（氏は「普遍性」と言う）を、氏の「戦後民主主義の擁護」の哲学・倫理の基本的観点を軸に追求する。だがそれを、冷静で厳密な思想史的評価（歴史的限界の確認）のふるいにかけて研ぎ澄まし、最終的には後述のように極めて限定的に二つの点を照射する。その意味で主体的な思想史解釈の〈範型〉と窺《うかが》える。

この点に関して私は特に、『葉隠』への種村氏の思想史解釈のスタンスに注目する。

本書は『葉隠』について、現代からの短絡的な武士道礼賛や、逆に頭ごなしの全面的な思想的否定を厳しく批判する。それはもとよりイデオロギーの次元だけではなく、何より思想史的解釈の次元においてである。前者の面では、和辻・丸山らの先行の（哲学的）思想史研究に見られる一面的な「普遍性」の抽出を批判し、後者の面では西欧哲学基準の近代主義的断罪・旧態的マルクス主義の階級的断罪、さらには歴史学の思想史研究における思想の社会的機能還元（歴史時代における思想の主体性の無視）を批判する。その上で、まずは歴史的過程における「武士という社会的存在」に即して、その「身分に適合した思想・人生観」として武士道を歴史時代における主体性においてとらえる。私は、このような種村氏の思想史解釈のスタンスに全面共感する。

私も、親鸞論や仏教信仰論に関して、哲学系の普遍主義的主体思想と社会科学・歴史学の信仰の社会機能還元論の断絶を両面的に批判し、「歴史に埋めこまれた親鸞」思想を追求してきており、本書の思想史のスタンスと全面的に重なるからである（拙著『〈災害社会〉・東国農民と親鸞浄土教―夢から解読する〈歴史に埋め込まれた親鸞〉と思想史的意義』農林統計出版）。その点に関わって、私は、或る時代の思想の思想史的評価の基本は、その思想がその時代の歴史的思想的課題の解決方向をどう照射するか、にあると考えてきた。なので、種村氏が『葉隠』の歴史的意義を泰平の時代の武士（特に側役の武士）のアイデンティティの確保と位置付けることに、全面的に共感した。私の思想史の方法・スタンスとこれほど重なる思想史研究に出会ったのは種村氏が初めてであり、これほどうれしいことはない。

他方でまた、本書の、『葉隠』の歴史性を厳密に踏まえるが故の、きわめて慎重（控えめ）な「現代的意義」の析出にも共感する。

私も、親鸞思想の現代的意義を、「歴史に埋め込まれた親鸞」を前提した上で、現代人が共感する（共有しうる）思想的内実と位置付けた。一般には親鸞思想の「普遍性」と言われるが、私は思想の「普遍性」という規定には慎重なのであえて、時代を超えた〈共感〉と言うことにしている（「普遍性」と言うと、古代も含めた歴史貫通的妥当性と短絡する危険があり、しかもその「普遍」とされる内実はほとんどが現代からの投影であり、それは結局、往々にして近代思想の絶対化につながるので。近代を普遍化する西洋哲学や、逆に、現代からの近代思想批判を普遍化する和辻の日本倫理思想史はその典型と思われる）。ちなみに、過去の思想に関して、その「普遍性」をあえて言わず、また歴史的文脈をあえて捨象《しゃしょう》して、直接に現代から学ぶことも意味があり、その場合は、歴史上の思想の「参照点的意義《さんしょうてん》」〔1〕の析出《せきしゅつ》と言うことにしている。

註〔1〕「参照点的意義」という言葉については、本書174頁から175頁にかけて、より詳しい説明がある。

そうした点で、種村氏が一方で言及する『葉隠』思想の「普遍性」より「現代的意義」の方に親近感がある。それはともかく、多様な先行研究の『葉隠』の評価を、歴史性の視点からその一面性を批判しつつ、さらには新渡戸稲造流の徳目つまみ食い的評価の不適切をも批判した上で、現代的意義の視点から「再評価」するスタンス（特に、三島由紀夫や丸山眞男の評価について）には、全面的に共感したのである。

以上の意味で、この本の『葉隠』像（その思想的内実）は、目下私が自ら『葉隠』と対峙《たいじ》することができない以上、私がこれに言及する際に全面的に依拠するに値するものと確信するとともに、とりあえずは以下のように学ぶことになった。

（二）『葉隠』の武士道の基本イメージと歴史的意義

（1）本書が明らかにする『葉隠』の思想的内実の基本イメージは、「歴代主君への報恩」を原理とする当代主君への「無際限の献身主義」（『『葉隠』の研究』22頁）であり、正統派の「義理」に基づく〈合理的〉な奉公に対して、無条件の情的奉公（主君への「忍ぶ恋」）である。その窮極《きゅう》は、戦国時代の戦士的武士の死生観を理念とする、自己の死を覚悟した（生死の分岐において死を優先的に選択する）情的「諫言」――〈義〉に基づく論理的な「諫言」でなく、主君に情的に伝わる諫言――の実践を目標とする点にある（もっとも、側役には諫言の資格がなかったとのことなので、それは結局、情的に伝わる諫死となるのかもしれないが……）。

（2）本書は、この『葉隠』（１７１６年完成）の武士道が泰平の時代の武士道であり、同時代の正統の儒教的士道（山鹿素行1622―85。『武道初心集』は享保年間1716―35に成立）に対する異端的武士道であると位置づける。そして、幕藩体制・封建的主従関係の下で藩に依存せざるをえない下級武士（特に側役）のアイデンティティを理念化した武士道の類型であると性格づける。この点には、大いに納得させられた。さらに、それは文官的武士のアイデンティティ（「奉公人道」）だが、あえて過去の戦士的武士の決死の奉公を理念化した点に、『葉隠』の特殊性があり、文官ズレした（ないしは官僚化した）武士への批判があるとする点も、大いに納得した。

この点から言えば、正統派の儒教的士道は、主君と家臣の双方の義務（義・理）を前提とする双務的武士道であり、主君を批判・諌言できる上級武士の武士道、さらには幕政に関与できる士大夫《したいふ》的武士の武士道といえるかもしれない。さらには、中世の所領授受を介した利害的双務関係が空洞化した近世では、この双務性は御恩と奉公のそれというより、統治における主君と家臣の役割に基づく双務性と言うべきかもしれない。

他方で、下級武士でも、能力によってアイデンティティを保持しうる別の類型の武士道があったと想定される（最近歴史学が発掘しつつある算用方などの実務官僚型の武士道）。

これらに対して、本書が明らかにする『葉隠』武士道は、藩政への参加資格も権限もなく、能力によって評価されることもなく、専ら主君との情的関係に依存せざるをえない側役的下級武士ゆえの、一方的献身を原理とせざるをえないアイデンティティの絶妙の理念化のように思われる。

しかし、それだけなら「衆道」（男性への「忍ぶ恋」）論にとどまって武士の誇りの位置づけは難しく、そこで死を優先する戦士的武士道の理念化が不可欠だったと解される。その点に、先行研究の一面性を総合する種村氏の『葉隠』解釈の全面性と斬新さがあると窺える。と同時に、この側役的下級武士の固有の武士道とする点で、『葉隠』を江戸中期以後の武士倫理一般とする従来の通説の陥穽《かんせい》を免れている。まさに〈歴史に埋め込まれた〉『葉隠』論とも言うべき、思想史的に堅実な歴史的位置づけ・評価である。

この点で本書の歴史内在的評価は、『葉隠』を武士の「献身道徳」の極限化とし日本人の倫理の範型とする和辻哲郎の普遍主義的評価の決定的な問題点を抉《えぐ》り出していると思われる。和辻は、種村氏が批判するように中世武士の利害前提的倫理の面を捨象するだけでなく、『葉隠』を近世武士一般の倫理と見なす。さらにはこれを日本人に普遍的な太古以来の無私の奉公（おおやけ＝大宅＝国家への奉仕）倫理の歴史的展開と見て、これを基準に近代の国民倫理の形成を展望するからである。

（3）本書が『葉隠』における戦士的武士道の理念化の時代的背景を丹念《たんねん》にあぶり出している点も大いに共感した。太平の世でも武力（個人的武力）が不可欠だったことや、また幕府と藩との緊張関係（ゆえの武力行使の可能性→赤穂藩取りつぶしに抵抗する籠城など）から生死を賭する社会的条件が存在していること。そしてここに常朝のリアルな認識を見てとる点も、大いに納得できた。

この点に関して、私のように思想史的評価において思想の同時代的意義を重視する視点からすれば、種村氏が指摘する佐賀藩の外国との緊張関係はもっと強調されてよいように思われる。それは、葉隠武士道が、側役的下級武士のアイデンティティを超えて、武士全体の理念として「普遍化」（共有化）される契機と思われるからである。対外的武力衝突の可能性こそ、江戸後期の一揆対策とともに、武士の武力性、ひいては戦士的武士道の同時代的必要があり、その直観にこそ『葉隠』の思想的リアルさがあったと言えそうだから。

特に19世紀以後外国船の来航の頻繁化によって、この認識のリアルさの広がりが、佐賀藩を超えて幕末に葉隠武士道が注目されたゆえんであり、そこに種村氏が指摘する『葉隠』の「思想史的意義」（後代への影響）の根拠があるように感じられた。

（三）『葉隠』の武士道に、従属と個の自律・自由を見る視点

種村氏は、『葉隠』思想が、死を優先する「献身主義」の中に、泰平の時代の武士の個としての自律性と自由、封建的身分制の制約の中で「個人主義的意識」が担保されていると高く評価する（同上書65頁）。

「従属」という外面的には〈自由〉がなく〈自律性（主体性）〉も存在しない社会関係の中でも、内面的には自律性と自由を担保する種村氏の解釈は新鮮である。丸山の「忠誠と反逆」の論理の批判的継承と思われるが、通説的な封建的主従道徳論が不自由・没主体性・個（自己）不在論へと短絡し、それと裏腹に自由・主体・個人主義の近代主義的解釈にとどまっている殻を破っている。そして、死生観を媒介にして内面（心理過程）に注目して、前近代における自由の理念、主体性と個（自己意識）の存在を論証した点は大いに学ばされる。

私（亀山）も、中世仏教（特に法然＝親鸞浄土教）において「選択」の原理に注目し、個人主義、個の主体性、個の自由、さらには平等思想の中世的存在を提起した（それは、その後の浄土真宗による歴史的継承、近世寺檀制度の中での観念的継承を介して、近代的個人主義思想の日本思想内在的接合盤の存在を展望していた）。だが、正統マルクス主義の思想史関係から、これらの思想は西洋近代で初めて生まれて日本に導入されたもので歴史無視だ、と批判されたことがあったので、種村氏のこのような評価には満腔《まんこう》の賛意を表する。

しかも、私の場合はこれらの思想の社会的条件として一定の自立的個人を見ていた。中世では閉鎖的な共同体が存在せず、特に下級武士・「百性」・民衆においては、自立的個人を前提とする契約関係の歴史的存在を前提としていた。そして、この自立的個人を超個人

的原理（正統派仏教の仏帰依主義や幕府の血縁主義による共同体イデオロギー）によって支配関係（荘園や家人的主従関係）に組み込む歴史的動向との対抗関係の中で、個人主義・自由・平等主義の思想の意義を認めていた。またその延長で、近世においても、武士社会でなく農村の共同体の中に、土地に根差す自営生産者ゆえの個人の自立性が存在し、個の自立性と自律性、能動性の思想が存在するとしてきた。

だが、種村氏の『葉隠』評価は、社会的関係の原理としては個人主義・自由・個の自立が存在しない中で、内面次元でそれを思想原理として取り出している。この点で、近代個人主義の日本思想史的接合盤の新たな面の摘出であるとともに、私の場合以上に、従来の社会科学的（正統マルクス主義的）思想のフレームを大きく突破している点で、驚きをもって共感している。

種村氏のこの評価は、かねて仏教（特に親鸞浄土教）やプロテスタントの人間学的意義を通して、阿弥陀仏や神への絶対的従属による言わば逆説的な内面的自立・個人主義の意義を考えてきた私には、とても心強い思想史的援軍である。個人の自立の社会的条件の投影として宗教的個人主義を見るだけでなく、逆に宗教的個人主義が社会的な個人の自立のテコになると展望してきたからだ。元々カント等に依拠して個人の自立を哲学的に探究してこられた種村氏には、できれば、『葉隠』からの社会的条件なき内面的自立・自由の独創的析出を契機に、今後さらに社会的条件の原理としてのこれらと内的原理としてのこれらとのダイナミックな関係を哲学的に解明してもらいたい、と改めて願うものである。

（四）『葉隠』の思想史的解釈に鈴木正三・宗教論を媒介させた点

この点は、恐らく『葉隠』の思想史的解釈では、全く新しい視点ではないかと思われる。『葉隠』への鈴木正三《しょうさん》の影響の指摘は若干は先行研究にあるそうだが、戦士的武士道の理念の継承を論じるなら一般的には『三河物語』あたりが参照されるように思われる。だが、種村氏が敢えて正三に注目するのは、『葉隠』の宗教性の検証・確認と連動しているからでないかと思われる。いずれにせよ、死の覚悟にのみ注目した正三との表面的関係にとどまらず、宗教論を媒介するのは初めてではないかと推測する。

この点は私には、近世仏教の思想（史）的意義を考える上で大いに参考になり、大変ありがたいことだった。

本書は『葉隠』の宗教性に関して、三つの論点を確認している。第一に、家の存続のための「武士による神仏の崇敬」と「神仏の相対化」（神仏への従属の否定・武士の自立性の担保）。第二に、「呪術・占いにたいする不信、神秘主義への懐疑」（世俗的合理性）。第三に、「仏教的価値観の肯定」（「色即是空」・無常観と「運命の受容」。貪・瞋《しん》・痴の煩悩の否定。特に「慈悲の強調」――ただし、「忠孝」「武勇」「知恵」とともに四徳の一つとして）。

この確認の上で、そこに正三の「死に習い」論と仏道における勇猛心の意義、主君への滅私奉公・家職の没我的遂行（→慈悲の実践）、仏法即世法論、神仏習合的信仰などが、「限定的に」（武士道に特化して）『葉隠』に継承されたとする点は、大体納得できる（後日改めて検討する必要があるが）。これらの点は、種村氏も指摘するように、一方では戦国武士だった正三の精神の仏教化であり、他方では、儒学の排仏論（脱世間・倫理への無関心の批判）への近世仏教側の応答の一環の意義を担ったからである。

また、『葉隠』が正三の仏法論を理屈論として忌避するのもうなづける。それゆえまた、正三のように仏法原理の救済論（媒介としての「心身不浄論」）や慈悲至上主義的倫理を説かず、まして幕府等権力による仏法普及に関心がない点を明らかにされたのも、興味深い。逆に山本常朝の出家が、追い腹が不可能だったゆえの単なる隠遁《いんとん》だったという面を浮かび上がらせるからだ。

その点では、『葉隠』は「佐賀仏道」の影響があるにしても、基本的には世俗原理に定位した武士の倫理であったことの照射に、成功していると思われる。

むしろ私にとってまず重要なのは、それにもかかわらず、『葉隠』は、神仏習合的信仰・祖先崇拝的仏教や仏教的死生観（無常観）を世俗倫理の内に位置づけている点である。これは、種村氏の『葉隠』の宗教性の検証との関係で言えば第一の論点に関わり、私流に言えば儀礼としての宗教を内包しているということだろう。また、第三の論点との関わりでは、仏教的価値観を世俗内化して受容したということである。

なお種村氏は、第一の論点との関わりで、武士がすべて神仏まかせでなく、「人力」「我が力」への信頼、人間側の主体性による神仏の選択をもって「神仏の相対化」とし、第二の論点として、呪術・占いの不信、神秘主義への懐疑を挙げている。これも、『葉隠』が情意主義の反面で内包しているとされる世間的分別の側面であり、そこに近世的合理性（ないし「武士の習い」との関連では、中世武士以来の実証精神の連続性、さらには浄土真宗地帯では神祇《じんぎ》批判の継承として担保された世俗的合理性）の現われを見るということかと思われる。

さらに、私にとって重要なのは、『葉隠』が仏法を固有原理（第一原理）とせずに世俗倫理として戦士的武士道（武力行使＝殺傷）を絶対化し、仏教的価値観（特に死生観＝死の覚悟）を世俗内倫理の原理にしているということは、逆に、『葉隠』武士道の観念性を照射していると思えることである。思うに、山本常朝や田代陣基は、戦士的武士道を理念化しながら、実際には武力行使（殺傷）も自らの死のリアルな覚悟も経験していないのではないか、そんな気がしてならない（そして佐賀藩の継承者も…）。

種村氏が紹介する正三の「心身不浄論」は明らかに、死の覚悟のためには仏道修行が不可欠だという議論である。だが『葉隠』はそれを否定する。常朝らは、仏道の修行や内面的主体的な信仰体験なしに世俗生活のままで、生の執着からの離脱がホントに可能だと考えていたのか？　そしてまた、暴力による他者殺傷を、他者をモノ化して物体損傷と同じ感覚で扱う現代ならともかく、江戸時代において罪悪感ぬきに単純に正当化できたのであろうか？　少なくとも、正三ら戦国武士は、敵を殺傷することの罪悪感と不可分であり、それゆえに戦いの後の追悼法要は不可欠だったのである。

してみると、『葉隠』の戦士的武士道・「死の覚悟」の称揚は文字通りの意味ではリアリティがなく、泰平の時代にあって自己肯定できない下級武士の観念的逃げ場所──絶対従属の心構えのテコ──でしかないように、思えてならないのだが……。もとより、そうだとしても日常の観念的な死の覚悟が、外的条件がキッカケで実際の戦闘や自死を導くことはありえよう。そしてそうなった時には深刻な葛藤《かっとう》を生み、そこで宗教的経験ないしある種の狂気が問題となるから、日常的次元での死の覚悟の段階では必ずしも問題にならない、と言うことかもしれない。いずれにせよ、さらに詳しい検討が必要だが……。

（五）『葉隠』思想の現代的意義に関して

前述のように、これに関わる二つの論点の慎重な析出方法には、大いに共感する。

まず一番目の「死の覚悟」という論点に関して。本書は「死ぬことと見つけたり」を、死との直面という「最悪事態を予想し」、「死への心構えができている時、危機に動ぜず、精神的な強靭《きょうじん》さと度量の広さを発揮しうるし、厳しい諸制約のもとでではあれ、一種の主体的自由を発揮できる」ことと解釈している。そしてそれを、奈良本辰也が言う「死が生を拓くという論点」、丸山眞男が言う「死と生のパラドックス」、三島由紀夫が言う「極限状況下での主体的自由の発揮の原理」等と重なる仕方で理解する。その上で、「死への心構え」という一点でのみ（つまり、『葉隠』の生命軽視、人権無視等の面は厳しく否定し、生と人権の社会的位置づけの前提の上でのみ)、現代にも意義を持つとする。この点は全く同感である。

もっともこの論点は、宗教としての仏教の最大の実践的論点の一つであり、私の場合は、それと重なる限りで意義を認めうるということだが(前述のように、『葉隠』における戦士的武士の死の覚悟には、どれほどリアリティがあるかは、再検証の必要があると思っているので)。それとも関係して、仏教の視点から見るとこれらの「死の構え」は、字面から解する限り、位相に差があるように思う(奈良本、丸山、三島の論は、紹介が短いので対応関係はなんとも言えないが)。

いつ死んでもよいという覚悟の位相、今まちがいなく死に直面していることの受け入れの位相、それに非人間的な極限状態の中でその〈今の状況〉を死の価値と比較する中で自己を見つめる位相……その他多様な位相が、『葉隠』のこの一句からは想起できる。その上で言えば、『葉隠』のように、その多様性に応じて必ずしも内面的な宗教経験と関わらずとも「死の覚悟」が成立しうる位相もありうるし、また、どの位相であれ宗教と無関係に覚悟できる人もいよう。だが、私も含め生に執着する多くの人には、「死の覚悟」には宗教も意義を持ち得、宗教サイドからはこの意義をどう発揮できるかが、現代の最大の課題の一つとなっていることは間違いない。

二番目の、「服従と自律の矛盾的統一」という論点にも、深く考えさせられている。

前述のように、近世中期の封建的主従関係の中でも、個の主体性・自由の担保――「能動的に行為する主体的人間類型」――の歴史的意義をもったとする種村氏の提起には全面的に共感する。だが、それを現代における「組織の論理と個人の主体的意思の問題、あるいは束縛・強制と自由・自律の問題」とし、現代の我々の課題とするとは、いかなることか? 種村氏の説明が極めて簡潔なだけに、少々悩ましい。

確かに、種村氏が指摘するように、所属する組織や共同体が非人間的であって、かつそこから離脱が不可能な場合があり、それを批判しつつ、服属・服従の苦しみに耐えつつ、自己の信念・主体性を追求する必要、むしろそれ抜きには耐えられない事態はある。だがその場合は、批判性を担保し離脱の可能性を思想的に担保している点で、『葉隠』の思想とは本質的に異なる気もする。その反面、非人間性への批判抜きでは、単なる従属の勧め・ただの忍従礼賛となりかねない。

そのようなリスクを抱えつつなお、『葉隠』に現代的意義があるとするなら、こうではないだろうか。非人間性・従属への批判やそこからの離脱の思想的可能性をもちえない場合、あるいは心理的にそこに陥っている人に、それを批判せよ、そこから離脱せよ、と説教ないし強要するだけの民主主義的ないし近代的倫理ではその人の主体性は担保できない、という一点から「死の覚悟」の意義は浮上する……。その意味で、「服従と自律の矛盾的統一」という論点の現代的意義は、お説教的ないし頭ごなしの普遍主義的倫理の限界の照射にある。そして今述べたように、非人間的従属に批判性をもちえず苦悩している人へ寄り添いつつ、その人が自ら批判と脱却への主体性を担保する論理として意味を持ちうる、ということかと思われる。

その意味では極めて重要な現代的論点と思える。そして、この「服従と自律の矛盾的統一」は、『葉隠』の世俗内倫理的な「死の覚悟」論もさりながら、むしろ、世間からの脱出不可能性を前提しつつ、世間虚仮《こけ》のフレームによる世俗の否定性の自覚という仕方で非人間的状況批判への転換点を担保する仏教的な「死の覚悟」論も、より現代的意義をもつようにも思われる。そこでは、世間の非人間的状況の苦を通した生の主体性論、さらには娑婆《しゃば》（サハー＝堪忍土《かんにんど》）を生き抜く論理・不如意《ふにょい》性の受け入れゆえの主体性論がある。

いずれにせよ、この論点の現代的意義に関しては、種村氏のもう少し詳しい説明があるとありがたい、と思ったものである。

ともあれ一読しただけでも、いろいろ教えられ、実に考えさせられる刺激的な書であった。

三　亀山氏の拙著への感想に対する応答

種村　完司

（一）思想の「普遍性」について

亀山氏は、「思想の「普遍性」という規定には慎重なので、あえて時代を超えた〈共感〉と言うことにしている」と書いている。「普遍性」概念の使用は、歴史貫通的妥当性と短絡する危険性があり、その普遍的内実はほとんどが現代からの投影であり、往々にして近代の思想の絶対化につながる、ということがその理由である。

この主張にはなるほどと思う。現代人は、現代社会および現代史という特有の条件や枠組みの中で自分の思想形成をしてきたわけであるし、彫琢《ちょうたく》し身につけた「普遍性」規定（ないし観念）も現代的特性を濃厚に帯びていることはまちがいないからである。近現代の思想をも相対化する視点を併せ持っていないと、過去の思想解釈にさいして、もっぱら現代的特性に潤色された普遍性を押しつけたり、その普遍性規定で対象を裁断したりすることになる。亀山氏の慎重で誠実な姿勢を私の基本姿勢ともしたい。

だからこそ、「普遍性」を「時代を超えた共感」と読み替える態度をもたしかに首肯《しゅこう》・受容することができる。歴史貫通的な思想というよりは、時代を超えて人々の心を揺さぶり感動させるもの、の意味であろう。長い思想史研究を通じて彼なりに到達した見地であり、表現だと思う。

そのように受けとめた上で、私としては、さらに一歩すすめたい。

では、異なる時代の人々をして等しく共感させるものは何か、時代が違うのに人々は何に共感するのか、というのが避けがたい次の問いになる。

これを考えるために、具体的実例を挙げて、話しをすすめてみよう。

私は『『葉隠』の研究』の執筆をつうじて、一方では山本常朝が疑うことのない厳格な身分制や主従道徳の称揚・堅持、封建的諸徳目の実行・継承にきびしく否定的な評価を下した（いわば共感を拒絶した、いや素直に言えば、共感できなかった）。だが他方では、戦士的武士と文官的武士という両側面の間で揺れ動きつつ、小身無足の側奉公侍の一人だったからこそ、主君に諫言できる家老の地位をめざして必死で尽力しつづけた、彼の苦悩多き人生行路にある種の同情や思い入れを禁じえなかった。上記の「時代を超えた共感」と言ってもいい。

江戸中葉期に、もし自分自身がその時その場におかれたならば、よほど革新的風土の中で自己形成していない場合には、上意下達的組織の中で、あえて武士としての自律を実現せんとして、山本常朝のような人生目的の再設定とそれにもとづく没我的奉公に邁進《まいしん》したかもしれないと思うからである。たしかに常朝の視野は広くない。まったく封建倫理に囚われている。鍋島侍として、佐賀藩愛国主義の枠内を徘徊《はいかい》している。

だが、制約されたその枠内で、彼が示した生き方、行動のあり方の中に私は一地方武士としての一途な誠実さ、ひたむきな目的志向性、頑固なまでの言行一致を見出す。それらは現代に生きる私の心を打つのである。

もちろん、常朝自身の人間性をあまりに美化することには慎重でなければならない。彼を聖人君子のごとくにもち上げる議論もあるが、それは決して実像ではない。彼も人の子であって、けっして完璧な人格者ともいえない。『葉隠』の中でちょくちょく露呈される、当時の長老や同僚に対する批判、藩組織やその政治・政策に対する評価の中には、常朝個人の嫉妬《しっと》や羨望《せんぼう》、ときには偏見・無理解が混じっている場合もなくはないからである（山本博文の葉隠評価および常朝批判は、もっぱらこの点に的を絞っている）。

こうした諸欠陥を認めた上でなお、常朝の人生の軌跡と、その過程で示された彼の言動は、人々の注目と関心に値するものだと、私は考えている。現代人の共感（少なくとも私の共感）を呼ぶだけの中身を提供しているからである。

当該の対象たる人物がかかげる倫理や価値観に賛同できないとはいえ、その人物の生き方の美しさ・素晴らしさには共感できることがあろう。尤《もっと》も、その美しさ・素晴らしさが倫理や価値観からまったく独立して、絶対に純粋な姿で現われるなんてことは単なる妄想だろうが、相対的には多くの人々を大いに納得させ共鳴させることがありうるのではあるまいか。

以上、亀山氏が「普遍性」に代えて「時代を超えた共感」という概念を提示してくれたことを契機にして、私は私なりに、その意味を捉え直してみようと考えた。要するに、結論は単純だ。

時代に制約された倫理や価値観を免れることはきわめて困難だが、それでもなお、そうした倫理や価値観には収まりきらない個人や集団のすぐれた生き方、崇高な人間性のあり方、〔2〕さらには人生や世界に対する新しい見方などは、相対的に独自に取り出しうるし、そしてそれらは、必ずや後代の人々の共感の対象となりうるということである。

註〔2〕人間のすぐれた面、崇高な面だけでなく、人間の無力・弱さ・脆さの面も、共感の対象となる場合があるだろう。いやさらに、ごく日常的な人間の喜怒哀楽、とくに窮境に陥ったときに発現する庶民の意思や情感などもそうではないだろうか。

（二）鈴木正三の思想と『葉隠』との関係について

『葉隠』を論じるさいに、これまで鈴木正三の仏教思想に言及する論者はきわめて少なかった。亀山氏が、「『葉隠』の思想的解釈に正三・宗教論を媒介させた点は、葉隠の思想史的解釈として全く新しい視点ではないかと思われる」と評してくれたのは、私にとって大きな喜びであり、また励みとなった。

拙著の刊行の後、私のもとには多くの知人や友人から数々の感想や評価が届いたが、鈴木正三との関係を論じている第五章に注目した識者はほとんどいなかった。例外的に西洋史家の横山良氏だけが、この個所をとり上げ、正三思想の『葉隠』への影響を論じるなら、推測ではなく事実論証が必要ではないか、との歴史家らしい批評を送ってくれた（尤も、私の葉隠研究は、両者間の思想的影響の論証を意図したものではないので、横山氏の希望には沿えないし、また当該の問題に関して、そもそも私は歴史家のいう事実論証は不可能だと思っている）。両者の思想をめぐる亀山氏の取り上げ方と論評内容は、長年仏教および親鸞研究に通暁・熟達してきた氏の豊かで深い見識に裏打ちされたものであり、いろいろ考えさせられ、かつ学ばされた。

ここでは、亀山氏の論述に触発されて抱くことになった、二つの論点を指摘してみたい。

その一つは、戦国時代を体験した鈴木正三の思想のリアリティと泰平期の文官的武士の思想たる『葉隠』の観念性との差異である。

亀山氏は、「仏教的価値観を世俗内倫理の原理にしていることは葉隠武士道の観念性を照射しているのではないか」、「葉隠による戦士的武士道・死の覚悟の称揚は泰平期の下級武士の観念的逃げ場所でしかないように思えてならない」と記す一方、「正三ら戦国武士は、敵を殺傷することの罪悪感と不可分」であり、だからこそ何らかの宗教的体験（江戸時代では仏道の修行・信仰）なしに生の執着からの離脱は不可能だと考えていた、という旨の文章を記している。

戦国武士と江戸期武士の現実体験に見られる深淵、両者のもつ罪悪感とそれに由来する宗教的心情の違い、ということの指摘は、たしかにその通りであろう。「葉隠武士道の観念性」という厳しい規定も、ほぼ的を射ていると思う。

それにしても私が納得できないのは、鈴木正三の思想のうちに見いだされる矛盾である。

くり返された激しい戦の中で多くの人間を殺《あや》めた罪悪感が真実なものであるにせよ、出家した後での仏道修行では、武士に勇気を与える修行、戦の中で果敢に敵と切り結びうる戦闘的な修行が求められている。彼が主唱する座禅は「果たし眼《まなこ》座禅」であり「鬨《とき》の声座禅」であった。武士を臆病者、卑怯者にしないための修行である。

正三は、徳川幕藩体制を維持し堅固にする宗教をうち立てる必要を説き、なにより三民の支配者たる武士に多くを期待する仏道者であった。さらには安定した江戸期になって、儒学派からの排仏思想に対抗するためにも、社会的使命をはたしうる宗教、武士層を下支えする宗教を追求したのだと思われる。

だとすると、結果的に「敵を殺傷することの罪悪感」と「敵を殺傷することを厭《いと》わない戦闘精神」との深刻な二律背反が避けられない。

私は、正三思想の中にその種の罪悪感を見る亀山氏の見解を否定するつもりはないが、それを過大視することには違和感を覚える。罪悪感が強ければ強いほど、その次に直面する戦では、果敢な戦闘性は必ずや鈍ってしまうことだろう。正三が強調する「勇猛堅固の心」を貫くためには、「敵を殺傷する罪悪感」を抑制し、沈静化しなければならない。

じっさい鈴木正三の著作には、「千騎万騎の敵の中へかけ入りて、大将の頭を取るべき心を用ふべし」というように武士を戦闘に駆り立てる勇猛心称揚の言葉がくり返されるのだが、他方、敵を殺傷したために抱く精神的な痛み、罪悪の心情については、まったく出てこない。この種の罪悪感に言及することをきわめて抑制しているようにも見える。戦の中で感じざるをえなかった後悔、自責、罪悪などの否定的な感情・観念に拘泥《こうでい》することは、武士の使命を達成する上で、大きな障害になるとの認識があったのかもしれない。

二つ目の論点は、正三の「心身不浄観」の評価についてである。

正三自身の記述に即するかぎり、心身の不浄とは、身体から漏出する涙・鼻水・大小便などの穢《けが》れ物、心中にある八万四千の悪業煩悩《あくごうぼんのう》の苦しみ、を意味している。心身は欲望のかたまりであり、悪業へと導く原基であり、あらゆる苦悩の源泉だとの理解である。とにかく人間の身体や精神の生理性・自然性は唾棄《だき》および排撃の対象でしかない。これらを敵として、克服すべき対象として仏道修行に邁進することに一定の意義はあろう（あまりに世俗主義へと傾斜している現代仏教界では）が、私の思うに、人間的自然（自然的本性）をここまで憎悪し否定することは、かえって世間から庶民から乖離《かいり》することになるだろう（肉食・妻帯を肯定した親鸞の方がよほど現実的で人間的である）。私はここに、（過剰な）禁欲主義的仏教の時代錯誤性、本末転倒性を感じざるをえない。

私が疑問に思うのは、亀山氏が正三の心身不浄論の中核に「暴力による他者殺傷」を置いているように見られることだ。他者殺傷にもとづく罪悪感は、たしかに悪業の苦しみの最たるものであろうが、それは社会や制度と結びついて発生した苦しみであり、人間の自然性を批判対象とする心身不浄観とは別の異質な原理ではあるまいか。だからこそ、悪業煩悩をさかんに述べたてる正三の言葉の中に、武士であれば往々にして発生しうる「他者殺傷の罪悪感」観念が少しも出てこないのである。

悪業煩悩といっても実に多種多様であろう。人間身体に由来する自然的欲望もあれば、人間関係や社会的活動の中でこそ発生する欲望・苦悩・悪徳もある。だが、仏教でいう悪業煩悩は、総じて人間の本性悪に帰着させられる傾向が強い。社会悪・政治悪・体制悪なども、人間の根源的な本性悪としばしばごっちゃにされて、あたかもキリスト教における原罪のごとく、非難の対象とされることが多い。「心身不浄論」と「他者殺傷の罪悪感」とが一体的に捉えられて、後者が本性悪の一つにされてしまうのも、諸々の悪に対して、その具体的な社会的発生の理由と条件を十分に究明することなく、抽象的に非難してきたからだ、と私は思う。

(三) 葉隠思想の現代的意義について

封建社会を生き抜く上で不可欠な、だからこそその社会にきわめて親和的な倫理・価値観を土台にして形成された『葉隠』を肯定的に評価したり、この書の現代的な意義を見出し指摘することは、なかなか厄介な作業だ。その思想の限界や欠陥をよほどしっかり解明し提示した上でないと、この書の特色に対する評価・称賛は、この書全体への安易な礼賛だと受け取られてしまう。私は『葉隠』の再評価を試みたが、礼賛だと誤解されないために、かなり気を使った。だから、まずは、この書の時代的制約、地域的制約、倫理・思想面での制約、さらには作者の身分上の制約をくどくどと執拗《しつよう》に語ったし、また語らざるをえなかった。

併せて、『葉隠』や武士道思想のうちに含まれる道徳規範や諸徳目(義・勇・仁・礼・誠・名誉・忠義・克己など)を今日的意義をもつものとして評価し称賛する態度——思想的かつ気質的に共感的な論者(和辻哲郎や相良亨たち)が陥りやすい態度——にも重大な問題点があることを明らかにし、そうした傾向に対する警告を怠らないようにした。葉隠道徳の部分的な評価・活用は断念すべきだ、との提案である。

その上で、葉隠再評価として、二つの論点をとり上げた。「慎重な析出方法だ」と亀山氏に共感をもって指摘してもらえたように、「死の覚悟」と「服従と自律の矛盾的統一」の思想である。

実はこれ以外にも、私は、「談合・熟談」の論理、「諫言」の思想なども再評価に値するものだと考えている。それらを『『葉隠』の研究』第十章であえて取り上げなかったのは、すでに本文の中でかなりの程度論述し高い評価を与えていたこと、「談合」にせよ「諫言」にせよ、それらの内実は山本常朝によるまったき独創の産物とまではいえないと判断したこと、等による。

第一の論点である「死の覚悟」は、賛否両論あるとはいえ、それでもやはり『葉隠』の真髄であろう。

松田(修)や山本(博文)は『葉隠』を側奉公侍による無責任な「ただの言葉の書」だと断罪したのに対して、私は、それでも必要な時と所において「生への執着」を断つ姿勢を重視した倫理書である、と擁護した。

戦乱を経験していない泰平期の武士がいかに「死の覚悟」を雄弁に語ろうとも、たしかに戦場でたえず生命を賭した戦国武士の死の臨場感には遠く及ばない。その点を重視して常朝のいう「死」ないし「死の覚悟」の観念性を指摘することはまちがいではない。だが、常朝自身も十分そのことには気づいていて、武士による「死の覚悟」の不可欠性を、過去の戦国武士たちの緊張感あふれる言動の諸事例にたち返ることによって、くり返し明らかにしようとしている。また、江戸期に入ってからの数々の武力紛争、刃傷《にんじょう》事件、敵討《かたき》ち、暴力的喧嘩《けんか》を引き合いに出すことによって補おうとしている（最終的には、「死の覚悟」は、長期にわたる苦難の多い、主君や御家への没我的奉公のうちに収斂《しゅうれん》されるのだが）。こういう手法は、自分の弱点を完全には払拭できないとはいえ、やむをえない、そして必要な手法であろう。

ところで、「死の覚悟」にもいろいろな位相があるのではないか、との亀山氏の指摘は適切である。さまざまな状況下で、じっさい「死の覚悟」にも質ないしレベルの違いが出来《しゅったい》する。この面での私の叙述には、たしかに不明瞭なところがあり、「位相の差異」という指摘によって、拙著における当該の叙述を改善すべき、あるいは精緻化する必要を悟ることができた。

日常生活レベルで、「人間はいつ死ぬかわからない」という自覚、「武士は戦闘でいつ死に直面しても逃げない」という決意――これは、リアルではなくいまだ観念的ではあるが、鋭い精神的な覚悟のレベルであろう。また、現実の武力衝突または戦闘そのものの中で、「自分の生を終えるのもやむをえない」「逃げるより死を選ぼう」という痛切な「死の覚悟」のレベルがありうる（とくに武士にあっては）。三つ目に、亀山氏曰く「非人間的な極限状態の中で、その〈今の状況〉を死の価値と比較しつつ自己を見つめる位相」［↑この表現には感服した！］としての「死の覚悟」もある。

四番目には、おそらく最も葉隠的ともいうべき死の覚悟、すなわち直接的な武力衝突や戦闘にさいして、周囲からどんなに思考停止・判断停止といわれようと、最初から生より死を選択する態度、直情主義的な「死の覚悟」もあるだろう。

私自身は、一途な死の優先的選択に至上の価値を見いだす葉隠的な死の覚悟はとうてい承服しがたいが、三番目の「死の覚悟」は現代でも、そして今後とも、小さくない意味をもちつづけるだろうと思う。亀山氏が言うように、この課題をめぐっては、宗教からする「死の覚悟」および覚悟形成の論との対話が可能であり、また必要となるかもしれない。

第二の論点として、『葉隠』の中にある「服従と自律との矛盾的統一」という主張を私は再評価した。これをめぐって亀山氏は、「近世中期の封建的主従関係の中でも、個の主体性・自由の担保――「能動的に行為する主体的人間類型」――が歴史的意義をもったとする」（種村の）提起には全面的に共感するが、それを現代のわれわれの課題（現代における組織の論理と個人の主体的意思の問題等）とするとはいかなることか、が理解しづらい、と。

その異論の中心には、所属する組織や共同体が非人間的であって、そこからの離脱が不可能な場合、服属・服従の苦しみに耐えつつ、自己の信念・主体性を追求する必要がある、との考えは、「批判性を担保し、離脱の可能性を思想的に担保している点で、『葉隠』の思想とは本質的に異なる気もする」という疑問が氏のうちにある。

亀山氏の疑問が不当ではないのは、たしかに『葉隠』における主君や御家への没我的奉公の根本には、自己の名利《みょうり》を思わず、主君の非を顕わさずに遂行される「隠し奉公」があったからである。家老や長老による諫言も、それを理想としていた。批判性を本質としてはならず、主君や御家とともに朽ち果てることが鍋島侍の本望《ほんもう》だと謳《うた》われた。この点を重視するかぎり、主体性なき隷従があったとしても、真の自律はない。

ところが、『葉隠』には、別の面もあった。私が小池喜明氏の葉隠論を取り扱ったさいに浮かび上がらせた「没我的忠誠の中での家臣の自律的・批判的態度」である。常朝は、主君に対する家臣の無条件的な随順だけを勧めなかった。主君が傲慢《ごうまん》にならず、その統治行為が正しく行なわれるためにも、主君にとって意見を求めたい見識ある家臣、必要な時に頼りになる威厳をもつ家臣が不可欠であった。「ちと御心《おこころ》置かれ候」なる家臣、「ちと隔心《かくしん》に思はれる」家臣、主君をも射すくめる視線（小池喜明）をもった家臣、すなわち周囲に（主君にすら）一目置かれる「一廉《ひとかど》の」家臣の存在である。

『葉隠』は、一方で主君への服従礼賛の書であるが、他方、家臣による主君の相対化、主君にたいする批判意識の正当化の書でもあった（この背景には、主君から藩への「公」概念の重点移動がある）。これが単なる言葉だけに終わってはいないことは、家老や重臣による諫言がしばしば実行され、しかもしばしば主君の逆鱗《げきりん》にふれて、切腹や浪人という苛烈な措置がとられたことを見れば明らかであろう。〔3〕

註〔3〕私は最近、佐賀藩における多くの家老たちの言動に強い関心をもつようになった。彼らの言行録に注目してみると、覚悟のできた強者《つわもの》が少なくない。諫言が成功した例、失敗した例など（中野数馬、相良求馬、中野将監の場合）さまざまであったが、封建的な体制・組織の中にも自律的で批判的意識の旺盛な家老・重臣が存在したことを証している。文脈上は逆になったが、本書前半部の「家老・年寄役の思想と言行」の章は、それを明らかにするため執筆・論述したものである。

ただし、「服従と自律の矛盾的統一」とはいっても、『葉隠』における「服従」も「自律」も強烈な封建的性格を免れてはおらず、こうした歴史的倫理的制約の濃厚な論理（ないし思想）をそのまま現代にも適用できるのかどうか、についてはかなりの異議が出されることだろう。たしかに私も、相当な注意が必要だと思う。

現代では、民主主義的な組織の中であればこそ組織や上司への「服従」は是認されるし、他者の自由や平等を侵さない限りで「自律」も尊重される。亀山氏のいう「お説教的な普遍倫理」だと叱《しか》られるかもしれないが、自由・平等・人権・民主性が基盤にあってこそ、服従と自律とは、一見対立・矛盾しながらも調和・統一へと向かいやすいし、向かうことができる。だから、一番大事なのは、諸個人が包摂される秩序や組織じたいが自由・平等・民主の性格に貫かれているかどうか、であろう。規模が大きかろうと、小さかろうと、まずは民主主義的・市民的な組織づくりや制度づくりが優先されなければならない。

こうした努力ぬきに、固定的な組織のなかでの自己満足的な服従や自律を語ることは、私の本意ではない。しかし、こんなことはすでに亀山氏も重々《じゅうじゅう》承知しているので、もう多言する必要もないだろう。氏は、そうしたことを受けとめた上で、私の議論をもっと生産的な次元にまで引き上げてくれている。「服従と自律の矛盾的統一」という論点の現代的意義は、お説教的ないし頭ごなしの普遍倫理の限界の照射にあり」、「非人間的従属に批判性をもちえず苦悩している人へ寄り添いつつ、その人が自ら批判と脱却への主体性を担保する論理として意味を持ちうる、ということかと思われる」と。

まことに見事なフォローというほかない。種村の言いたいこと（曖昧《あいまい》にとどまっていた趣意）が巧みに顕在化され、それに明瞭な色と形が与えられている。

『葉隠』の中で描かれた、武士たちの服従と自律は、現代のわれわれが遂行する服従と自律よりも、はるかに困難な時と場所において発揮されている。だが、今日にあっても、非人間的な組織や人間関係は少なくない。異なった様相ではあれ、個人や集団の苦悩も厳然と存在する。とはいえ『葉隠』が示す状況は、非人間性や不条理性においてはるかに過酷だからこそ、そこでの問題解決のあり方は、かえって現代社会を生きるわれわれにとっても大いに貴重な教訓となりうるのではないか、と私は考えている。

『葉隠』をどう読むか（その二）

一　はじめに

今回の往復書簡でも、前号での2人のやりとりを受けて、「思想の普遍性とは何か」「葉隠思想のどこに現代的意義をみるか」「『葉隠』における「死の覚悟」と鈴木正三の「死に習い」」などが、議論の主なテーマとなっている。前とほぼ同じテーマが扱われているが、それぞれの意見を披歴しあい、疑問を提示し、考えつつ応答することによって、互いに新たな気づきを得ることができ、こうして議論および叙述の内容を前回よりいっそう深められたのでは、と考えている。

「思想の普遍性」に関しては、その類縁語ともいいうる「時代を超えた共感」とどう関係づけたらよいか、について意見を交わし、情緒的な共感にとどまらず、思想的概念的な共感のレベルにまで高める必要があることを確認しあっている。

「葉隠思想の現代的意義」に関しては、「死の覚悟」の種々の位相のうち、「非人間的な限界状況下で、その状況を死の価値と比較しつつ自己を見つめる」第三の位相の意義を、共通に認め合ったことに注目していただきたい。

さらに、種村が『『葉隠』の研究』の中で最も重視した「服従と自律の矛盾的統一」という論点については、中・近世の日本にあっても、（とくに武士層において）個の自律性や主体性は封建倫理との対抗の中で尖鋭な問題となっていたこと、またこの矛盾は、浄土真宗界で生起している「（仏への）絶対的帰依」と「個人（念仏者）の主体性」をめぐる論争とも深いつながりがあること、等々が取り上げられ検討されており、このテーマがもつ時代的思想的な広がりとその意義を、読者にも改めて確認していただけると思う。

『葉隠』に影響を与えている鈴木正三の「死に習い」論に関しては、種々の議論にもかかわらず、その評価がさほど容易ではないこと、仏教の歴史全体との関連で捉えなおす必要があることに、お互いに気づくことになった。そして、心身不浄観にたつ正三の思想評価をきっかけにして、人間の煩悩や我執への評価、仏教における禁欲主義の真意、武士における殺生罪悪感の有無などに議論を広げ、その結果、戦国期・江戸期武士の思想と心情、および仏教や浄土真宗についての新しい正確な理解などを得るとともに、われわれ2人は、なお探究すべき課題が少なくないことを認識し合ったのである。

二　種村氏『『葉隠』の研究』の再読メモ

亀山　純生

種村氏の懇切な応答をいただいて、あらためて本書を読み直した。そして特に、第六章~九章の「『葉隠』の歴史的倫理的評価について」で、先行研究の一面性を驚くほど丁寧に批判的に検討され、『葉隠』を、短絡的普遍化（悪しきイデオロギー化）はもとより思想史的な過大評価・過小評価――往々にして検討対象の部分的つまみ食いとセット――を方法的に厳密に排していることを痛感した。

その上で、『葉隠』全体の検討を通して、葉隠思想を武士道一般としてでなく歴史に内在してピンポイントで、江戸中期の太平の世の佐賀藩の文官的下級武士の〈固有の〉エートス・倫理として析出していることに、改めて感服した。氏の『葉隠』研究は、亀山が思想史研究の看板にする〈歴史に埋め込まれた○○思想〉研究の、これ以上ない模範と窺《うかが》えた。そして種村氏の思想史研究の文献実証の手堅さから、亀山ももう少し、せめて爪の垢《あか》くらいは学ばねば、と自戒せざるをえなかった。

（一）思想の「普遍性」に関して

種村氏は応答の中で、思想史における普遍主義に対する私の批判に賛同され、ご自身の「基本姿勢」とするとまで言われた。そして、これまで歴史的思想の普遍性とされてきたものは、基本的には〈時代を超えた共感〉と見るべきという私の提起にも、共感していただいた。ほんとうにありがたく、百万の援軍を得た思いであった。

その上で種村氏は、『葉隠』に関して、その歴史的固有性、特に封建倫理・佐賀藩愛国主義を強調された上で、時代を超えて現代人に共感（感動）されるポイントとして「一地方武士としての一途な誠実さ、ひたむきな目的志向性、頑固なまでの言行一致」を挙げられた。これによって、抑制的ながら本書の全体や行間からあふれ出る『葉隠』への種村氏の好意的記述の核心がそこにあったのか、と改めてよくわかった気がする。言うまでもなく、その思想的核心は、本書で強調される「死の覚悟」にあると思われるが。

種村氏がこれの提示を、「時代を超えて人々に共感されるものは何か」という問いからなされたことに関連して、蛇足ながら私見を付け加えさせていただきたい。

私は、過去の時代の思想の「普遍性」の実態は「時代を超えた共感」だと見据えた上で、思想家、特に哲学者にはその「共感」の内実を思想的に言語化する使命があると考えている（文学者・批評家はストレートに共感の理由を語ればいいが……。親鸞で言えば、かつての倉田百三、野間宏や今日の五木寛之のごとく）。その際、思想的言語化にはとりあえず二つのアプローチがあると考えてきた。

一つは、「参照点的意義」の解明である。それは、過去の思想が（その断片であっても、さらには極言すれば誤解であっても）現代の課題の解決にどのような思想的ヒントを与えるのかの理論化である。このアプローチは、例えば環境思想論について言えばこうである。

西洋思想、特に近代思想が環境問題で歴史的限界を指摘される中で、古来の東洋思想や仏教思想の出番だと、その思想的普遍性がしばしば主張される（老荘哲学や縁起思想・唯識哲学など）。だが古代に環境問題があるはずもなくそれゆえ環境思想もなく、そこで言われるのは現代からの共感点・注目点でしかない。逆に古代思想に内在すれば、その注目点は消えたり別の意味になる可能性も大きい。その意味で古代以来の普遍的思想があるはずもない。むしろ普遍主義を断念することによって、この注目が積極的意味をもつ。

一般的に言えば、過去の思想の歴史的文化的特殊性（歴史に埋めこまれた思想の内実）を方法的に度外視して、単純に、「現代の問題解決に理論的に寄与しうる過去の思想・論理の発掘」と限定するのが、参照点的意義の析出である。付言すれば、民主主義など現代日本の問題解決のモデルとして西洋思想の「普遍性」を言う議論も、基本的にはこの意義だと考えている。

関連して、これと区別して「（伝統思想の）イデオロギー的意義」（いい意味での）の解明も重要だと考えている。環境思想で言えば、伝統的な自然観（アニミズムなど）の評価が代表的だが、それを古代精神から無前提に導出したり日本文化の基層などと普遍化するのでなく（これは普遍主義の悪しきイデオロギー）、直近の時代（さしあたり近代化以前）の民衆思想と現代人の精神の観念的連続性（の確認）からそのことが環境問題解決にどのような実践的意義があるか（特に環境倫理の国民的共有・合意の基盤として）を解明する作業である。こちらは、哲学というより歴史学・社会学・民俗学等を踏まえた社会思想・イデオロギー論が担うべきものと考えている。

もう一つのアプローチは、過去の時代の思想がもつ現代の思想と共有可能な思想の〈普遍的〉質（内実）の概念化（「思想の〈普遍〉的キーワードと質」の解明析出）

である。

私は、キリスト教的フレームの天下り普遍主義や近代哲学の人間の本質論に基づくアプリオリな普遍主義は結局ドグマティズム（往々にして近代の絶対化）として否定するが、地域や文化・価値観の違いを超えて人々に共有される思想内容（その限りで、相対的意味での〈普遍〉思想）は存在しうるし必要だと考えている（特に、倫理は、人間なら〇〇すべしという当為性を含むので、その〈普遍〉性は不可欠）。だがそれは、どこまでも、地域・文化圏・価値観の個性を前提として、しかも地域を超えた共通の課題の解決に必要な限りで要請される、共有可能な内実であり、それのそれぞれの地域・文化圏・価値観の内部からの他の地域・文化圏への提案でしかない（それゆえ、問題解決の視点からその〈普遍〉妥当性が常に反省の過程にあるべきもの、その意味で相対的な〈普遍〉性にとどまる）。

これとほぼ同じ意味で、過去の時代の思想がその時代を超えてもつ、現代の思想と共有可能な思想の〈普遍的〉質（内実）は存在しうる、と考えている。問題はそれの概念化であり、その意味での〈普遍〉的思想（「思想の〈普遍〉的キーワードと質」）の解明析出は哲学固有の役割である、と考えている。従来、親鸞思想の普遍性といわれてきたものは、〈歴史に埋め込まれた親鸞思想〉が含む、現代思想と共有可能な質・内実の現代からの析出だと、私は考えている（その一つの典型は三木親鸞だとみている――もっとも三木の場合は、〈歴史に埋め込まれた親鸞〉の発想は皆無であり、専ら普遍主義的に現代を投影しているが、同時に親鸞への共感というスタンスを前面に立てているので、結果として共感的共有の質を析出しているという意味で）。

この点に関して、種村氏は応答の中で、「時代を超えて人々に共感されるものは何か」と問い、それを既述のとおり「一地方武士としての一途な誠実さ、ひたむきな目的志向性、頑固なまでの言行一致」と提示された。それは、私が言う第二のアプローチでの現代と共有可能な〈普遍〉的思想の内実・質の提起だと、了解した。もとより本書で強調される「死への心構え」ゆえの「主体的自由の発揮」（『『葉隠』の研究』３１５頁《ページ》）と、「服従と自律の矛盾的統一」（同上書３１６頁）は、傍線部を担保する思想的内実（〈普遍的〉キーワードの析出）だと思われる。それだけに、それの現代的意義、その意味での葉隠思想の〈普遍的〉質の現代からの基礎づけの展開にぜひ期待したい（『葉隠』内在的な基礎付けは本書で十二分に完遂されていると思われるので）。

また、種村氏の応答で、それに加えて『葉隠』に見られる「談合・熟談の論理」、「諫言の思想」なども現代的意義を持つと教えられたが、改めてそれがいかに『葉隠』内在的か、それがいかなる意味で現代に共有可能な〈普遍的〉質をもつか、にも興味をもった。併せて、続編がせつに待たれる。

（二）葉隠思想の現代的意義

種村氏は応答で、私が素朴に提起した「死の覚悟」の三つの位相を展開し、葉隠思想を踏まえて四つの位相に整理された。それによって、種村氏も私と同じく、ある意味で『葉隠』が固有に提起する最も現代的意義を持つ位相は第三の位相だ、と考えていることが確認でき、ありがたく思った。この視点から、『葉隠』が含む第三の位相の「死の覚悟」はどうなるのか、と改めて整理してもらうことを期待したい。それは現代の宗教がこれにどう応答するかの、優れた参照点になるから……。

また、もう一つの論点である「服従と自律の矛盾的統一」に関して、『葉隠』は主従道徳という絶対的枠組み（そこから逃れ得ないもの）を前提にしていることから、その現代的意義（の可能性）が最も検討されるべきポイントを、私なりに推測してこう述べた。すなわち一方では、普遍主義倫理の限界を照射することであり、他方ではそれと相関して、非人間的従属に批判性（従属離脱の思想的可能性）をもちえず苦悩する人々に共感しつつ、その人々が批判性を担保できるよう橋渡しをする論理がどう含まれているか、ではないかと。そのことを正面から受け止めていただいたこともありがたかった。

それに関連して種村氏の応答から、『葉隠』は、一方で主君への批判性は担保していること（服従の焦点が「主君から公的藩へ移動）を改めて教えられた。それによって、江戸時代の封建体制下の主従関係は、奴隷制のような私的な一方的従属関係でなく、双務的な公的関係――中世のように利害的双務が基本でないにしても、――儒教的な主君の義務を前提とする藩という公的組織の中の関係だったことを再確認できた。

だが、だとしてもお家騒動に典型的に現われる家臣による主君取り換えの思想はなく、公的性格も主君と家臣の人格的関係に収斂《しゅうれん》している点に『葉隠』の独自性があるということか、と感じた（特に「隠し奉公」論で）。また、山本常朝による赤穂浪士への言及についての種村氏の解釈（『『葉隠』の研究』２９９頁）から、少なくとも、〈公〉がお家（藩）と主君に機能的に分かれていないのではないかと……。

それによって、『葉隠』の「服従と自律の矛盾的統一」は、動かしがたい非人間的服従関係の下でのそれであることが明確になり、種村氏が現代的意義を取りだす参照点であることがより鮮明化した。

このこともふくめて第三の位相で現代的意義は今後どう展開されるのか――出来れば、具体的な事例を通して――、ますます期待に胸を膨らませている。

それにしても、通説的常識的には、個の自律性・主体性は個人の自立性が社会制度的に保証される近代より前には皆無だったと見なされてきた中で、封建的関係の下で個の自律性を服従との相関で析出する試みには、大変共感する（丸山の議論もそうだが）。

かねてより私も、自立的個人は近代固有ではなく日本の中世前期には一般的存在であり（近代的個人と異なる中世的な自立的個人として）、それが中世の親鸞思想を近代的思想と普遍化する――私的には現代から共感され〈普遍〉化される――根拠だったことを強調してきた。また、社会的には従属関係にあっても個人の自律性を担保する思想はあったし、さらに言えば、一人のかけがえのない人間（他の誰でもない「この自己」）としての〈個人〉やその価値を主張する〈個人〉主義の思想はあったと想定し、その発掘に期待を寄せてきた。

その点で種村氏の『葉隠』論はその近世的証拠を示してもらったと、うれしい限りである。

種村氏の本の論点と少しずれるかもしれないが、「死の覚悟」の第三の位相とも関連し、「服従と自律の矛盾的統一」の現代的意義という問題設定は、今、浄土真宗の中で論争になっている「念仏における個の主体性」という問題と二重にかさなってとても興味深い。

一方では、「服従」を自己の力では越え難い絶対的限界状況（世間＝堪忍土）の主体的受容（自発的自律的従属）と解釈すれば、それによって状況への主体性（自律的関与）が担保されるという点で。こちらは、念仏によって世間・社会への主体的関与、他の人間（権力者を含む）への主体性が拓《ひら》かれるという方向になる。

他方では、この堪忍土の自発的受容を媒介担保するのが浄土真宗（親鸞）では阿弥陀仏（念仏）への絶対帰依（服従）だが、そこにおける個人（念仏者）の主体性（自律性）をどう位置づけるかという問題として。これは、他力と自力の問題として浄土真宗の教学界で論争になってきた。

教学の正統派は、念仏者の念仏は阿弥陀仏の回向《えこう》の結果だから絶対他力で、そこに念仏者の自力性は皆無だと主張している。つまり、弥陀への絶対的帰依＝絶対的服従＝没主体性の論理である。これに対して一部から、それでは念仏とは完全に没自己的行為、受動的行為となり、私が阿弥陀信仰を選ぶ、私が念仏するという行為は、自力念仏として、つまり信仰的には低次元の虚偽の念仏として否定されると、批判の声が上がっている。これは、絶対的帰依（服従）を自発的に選ぶ主体性・自律性を言う論理である。

この論争に対して、私はこう考えている。つまり、唯識や禅の分別（人間知）と無分別（法・仏の智）の統一の論理とも重なるが、超越的存在・阿弥陀仏の絶対他力性やこの統一の論理は、経験的世界での分別（人間の自力の行為）がまず前提にあって成り立つのであって、逆ではありえない。宗教的世界観では超越的存在から演繹《えんえき》するが、その場合でも経験世界の人間の有限性を必ず問題にするのが何よりの証左である（人間不在の宗教はどこにもない）。

それゆえ問題の自力・他力で言えば、拙著（『〈災害社会〉・東国農民と親鸞浄土教』）でも強調したが、まず私が称《とな》える念仏があってそれが弥陀回向と領解《りょうげ》される点に、他力信仰のポイントがある。そして念仏を含めて宗教や信仰は、経験世界においてこそ意味があるのであり、それぬきの超越論的解釈は無意味である（生身の身体的存在の〈実践〉としての宗教という視点）。

それを前提にすると、阿弥陀仏（の働き）が経験的世界・人間にどう現われるかが問題であり、浄土真宗では、それを念仏、即ち阿弥陀仏の呼び声と位置づけている。すると、阿弥陀仏と人間・念仏者の関係は、呼ぶ主体と呼び声を聞き応答（念仏）する主体として、コミュニケーション的関係で理解するのが有効でないかと、考えている。もとより応答自体も弥陀の働きによると領解し弥陀に絶対的に帰依（服従）し、そこで弥陀に応答（する）、というフレームが他力念仏であるが。

このような問題との関係でも、種村氏の「服従と自律の矛盾的統一」の設定は大変魅力的で参考になり、それをどう概念化されるか、その論理構造をどう展開されるか（さしあたり『葉隠』に即して）、垂涎《すいぜん》の思いで切望している。

（三）鈴木正三の「死に習い」論の戦国武士的リアリティに関して

私は先の感想メモで、本書が葉隠思想に関して宗教性如何を検討し、鈴木正三の思想と内在的比較を媒介した新鮮さに共感しつつ、『葉隠』が仏教的世界観・価値観を、鈴木正三のように固有の仏道修行や信仰論理としてでなく、世俗内倫理化したフレームに注目した（『『葉隠』の研究』第四、第五章での種村氏の整理からこう理解した）。

その上で、私の宗教類型論からするそのことの意義（宗教世俗化の意義、及び儀礼宗教・教養宗教の意義）は認めつつ、他方で、鈴木正三の仏道実践としての「死に習い」論の戦国武士的リアリティと比べて、『葉隠』の「死に狂い」論は観念的との印象をもった。そして、その前提として、正三理解について二つのポイントを挙げた。

（ア）鈴木正三の身心不浄論は仏道修行による生の執着離脱（死の覚悟）の基本的契機であること（つまり、身心不浄論を継承しない『葉隠』の非仏道的な死の覚悟のリアリティへの疑念）。

（イ）鈴木正三の場合、戦闘の中での死の覚悟のリアリティは、他者殺傷の罪悪感とセットだったのではないか、それゆえその宗教的解決（死者供養・追悼法要）が不可避であったこと。

これに対して種村氏から、（ア）に関して、たとえ死の覚悟の仏道実践的意義があるにしても、人間の自然本性の完全否定は、人間性に反し、当時の世間・民衆とも乖離《かいり》した禁欲主義の「時代錯誤性・本末転倒性」を示すと指摘をうけた。それに対し、むしろ煩悩として人間の自然本性を認める親鸞の方に共感する……と。（イ）に関しては種村氏は、鈴木正三においては戦闘における殺傷の罪悪性の思想がなく、死に習い論はむしろ敵を倒す（殺傷）勇猛さの推奨でしかないことを改めて強調され、かりに仏教的フレームで殺傷罪悪論があるなら正三の思想は矛盾的であると指摘された。

（ア）に関する種村氏の指摘には一面では、親鸞主義者の私も同感である。

ただ、他方で、武士の武闘はじめ農工商民の肉体労働を仏道実践と位置づける正三独自の議論を想起すると、そこには身体・健康の保持は前提になっていると想定される（『葉隠』の「身養生」に近い発想）。実際、正三自身も修行中に病気になり、医師の勧めで肉食による食養生で恢復《かいふく》し、「生命を奮い立てる」行いが生を担保し、修行も遂行できたと言っているそうだ（水上勉『一休、正三、白隠』１３８頁）。だとすると、正三の中で身心不浄論との矛盾、少なくとも落差がある、と考えられる。

煩悩断絶は仏教の共通フレームだが、しばしば身心の欲望（人間の自然性）否定と短絡されることが多い。だが、それは誤解である（そもそも釈迦は身体虐待の禁欲的修行を断念し、女性からの牛乳粥を食し健康回復した上で瞑想に入り、煩悩断絶を説いたのだから）。だが煩悩断絶は時代や説く人、場面により、その解釈は多様である。問題は、煩悩断絶のタームで何を主張しているか、だと思われる。

その点では、正三の場合はおそらく、「死の覚悟」（死に習い）＝生の執着離脱の実現が最大の眼目であり、それへの最も効果的な道として心身不浄観を説いた、と考えられる。

正三は鎌倉時代の説話集を布教材料に愛用しているという（神谷光雄『鈴木正三』１２７、２７５頁）。この説話集の中では、正統派浄土教の「厭離穢土《えんりえど》欣求浄土《ごんぐじょうど》」の勧めの基本的ポイントが心身不浄観であり、正三が『二人比丘尼《びくに》』で説くのは鎌倉期の身体（＝死体）汚《お》穢《わい》を描く「九相死絵《くそうしにえ》」と全く同じモチーフである。

そうすると、『葉隠』との比較で重要な視点は、「死に習い」がなんらかの仏道修行（ないし信仰行為）とセットで勧められているのでないか、と思えるのである。

そしてこの仏道修行は、武士の場合には座禅（「果たし眼《まなこ》の禅」「二（仁《に》）王《おう》禅」「鯨波《ときのこえ》座禅」）が中心で、農工商民・女性には念仏（「平生往生」：親鸞流でなく禅念仏一味の一遍浄土教流）が中心だったと思われる（再精査が必要だが）。いずれの場合も、生の執着離脱が眼目だったとすれば、民衆も含めて正三が、日常生活の仏教的肯定・身体養生を前提（人間の自然性を肯定）するがゆえに、死の覚悟を達成する仏道（禅・念仏）の場面では、あえて生の執着離脱のために心身不浄を強調したとも、言えそうだ。

その限り、民衆思想に対して問題提起的であっても、単純な乖離とは言えないようにも感じる。

種村氏が共感する親鸞で言えば、彼も通仏教的に煩悩汚濁の身を否定・自己悲歎（心身不浄のフレームは形式的に共有）するが、そこからの脱却の不可能性ゆえに弥陀に帰依し、煩悩即菩提・生死即涅槃《ねはん》を説いた（つまり、現実的には煩悩を肯定し、その上で我執からの離脱を求めた）。死の覚悟＝生の執着離脱に関しては、煩悩の身では不可能だとして生への執着を肯定し、いずれ来る不可避の死を念仏とともに（弥陀慈悲の下で）安らかに迎えることを説いた（特に『歎異抄』9条）。

思うに、親鸞らの中世は戦乱を含む〈災害社会〉で死と隣り合わせの自覚が時代風潮であったゆえに、死の覚悟は問題にならず、かえって生への努力を強調し励ますことに民衆救済のポイントがあった（問題は死の覚悟でなく、死に方）。

対して、正三の時代は、泰平の時代にさしかかった時代で、一般的には生を謳歌《おうか》する風潮が出始めた時期かと推測される。仏教も大勢は生と死の緊張感を喪失し、本来の仏道修行が希薄化ないし形骸化し始めた（「慰み仏法」「デキロ仏法」「ダテ仏法」神谷　２９５頁）。そのような中で国家・社会に有用な仏教の構築をめざした正三は、自身が経験した戦国武士の勇猛さをモデルとして、仏教復活のテコとして死の覚悟＝生の執着離脱を説き、そのためには特別の手立て（仏道修行―心身不浄観）が必要だった、ということでないかと思われる。

（イ）に関しては、とりあえずは、私の見込み違いだったことをあらためて確認した。

元々これを述べた時には、中世武士において、死を厭《いと》わぬ戦功への勇猛さと殺傷への罪悪感の深刻な矛盾の解決が課題だったことが念頭にあった（平家物語での熊谷の出家、法然四八巻伝における甘粕忠綱の出陣前の法然への決死の質問：所領確保・勲功のための殺傷の不可避性と殺傷堕地獄の不可避性の矛盾）。

この時代は、正統派浄土教によって浄土教が民衆化し、それを受容し支えた民衆の往生願望という構図の中で、煩悩呪縛の罪 ――その核心の殺生（特に武士の戦闘殺傷）は堕地獄の罪―― の観念が時代思想の中心にあった（その底流には、古代から継承された戦乱災害での頓死者の怨霊《おんりょう》化の観念があった：『平家物語』の怨霊譚《たん》など）。

この矛盾の解消が浄土教の悪人往生論（特に悪人正機説）であり（甘粕はこれによって安んじて戦地に赴き勇敢に戦死した）、往生行としての死者・敗死者供養・追善法要だった（熊谷の敦盛供養、大規模には鎌倉幕府による平氏供養）。

以後、悪人正機論が浄土教の主流となる中で、武士の矛盾の深刻さの度合いは低下し、時代思想の中心ではなくなったと言えるが、殺傷＝罪悪の観念自体は地獄・極楽の観念や怨霊のリアリティとともに存続したと考えられる（説話での殺生罪悪譚・平家怨霊譚の継承など）。それは、死者（敗死者）供養の仏事としてルーティン化していたのでないか、と想定した。その意味で、戦国武士もその程度には、殺傷＝罪悪観をもっており、それが仏事継続の一要因だと想定した。特に、鈴木正三は大阪の陣後に出家したという記憶があったので、戦闘体験の罪悪感が契機かと……。

種村氏の指摘を受けて改めて手元の本を見直し、鈴木正三に関しては、私の推測には直接の根拠はないことを確認した。特に、日中戦争で殺傷経験をもつ禅僧が自身の罪悪を語らず〈平然〉としていたことへの疑念、それと仏教の殺生罪悪観との関係如何の視点から正三の仏道を読み解こうと精査した水上勉（前掲書）も、正三に殺生罪悪感を確認できなかったらしいのは決定的だった。水上は、正三の著述に直接にはなくとも、出家のキッカケになった大阪の夏の陣での戦闘経験の影響（殺された者の形相等の想起）から、殺生罪悪感の手掛かりを探したようだが、結局は「無常感」「空しい気持ち」と指摘するのにとどまっている。

もちろん、殺生罪悪感からの出家の動機も「虚しさ」と記されることもあるが、そもそも罪悪感の根拠を求めた水上が「空しい気持ち」としか言いようがなかったのであれば、罪悪の自覚はなかったとするのが妥当だろう。ちなみに神谷（前掲書）も、正三が戦闘経験で見たのは「あっけない人のいのち」と言っている（153頁）。

まさに種村氏の指摘通りのようだ。だから、正三の自覚としては、少なくとも主要な問題としては、戦国武士の戦闘のリアリティの中に他者殺傷の罪悪観はなく、その点では『葉隠』と同じだったと、とりあえずは訂正したい。その意味で正三における戦国武士のリアリティはさしあたり、（ア）の面ということになろう。

その上で、しつこくて恐縮だが、戦国武士が殺傷に罪悪感をもっていなかったとは、やはり想定しがたい。その背景には、人間は他者殺傷――特に戦闘での悲惨な殺傷――に、負い目（痛み）を感じないでいられるだろうか、という素朴な想いがある。現代でも戦後70年以上たってなお、戦闘で殺傷した相手の表情が夢に出るという元兵士の話も少なくない。これは戦闘のプロでないから、とも言えようが、武士でも同じだったのでないか（死霊のリアリティ）。

まして、中世ほど中心的問題でないとはいえ、仏教の殺生罪悪・堕地獄観が日常化している中では……。

実際、室町幕府では戦闘での殺傷滅罪の行（放生や殺生禁断）が継続されたとされる（刈米一志『殺生と往生の間』）。そうなら戦国大名や一般武士でも同様だったのでないか、と推測される（残念ながら従来の研究では見当たらないが）。

だとすると、もし鈴木正三の著述に殺生罪悪の自覚がないとしたら、彼はどこかで殺生罪悪感を超える経験・思想的装置を持っていたのでないか、つまり記述の段階では罪悪感は解決済みとも想定される。

正三は出家前に、良尊禅師からの「清浄行者は涅槃に入らず、破戒の比丘は地獄に堕ちず」との公案に、「珍重」と答えたというが（神谷前掲書 １４８頁）、それを見るかぎり、殺生罪の禅的解決を得ていたとも考えられる。また、正三は17歳で出会った『宝物集』始め、中世浄土教説話に精通していたので、殺生罪を超える浄土教的立場を体得していたのかもしれない。ちなみに正三は切支丹鎮圧後天草で多くの寺院を建立したが、天草には、地獄で苦患している殺された「数千の霊魂」を、正三が尊敬する珪法が仏道供養した首塚があるという（神谷前掲書 ２１２頁）。すると、正三にも同じことはなかったのか……。

ともあれ、正三が仏道として武士の戦闘をモデルに「死に習い」を主張する限り、仏教の殺生罪悪論をどうクリアしていたか、は避けられないと思われる。今後の課題としたい。

三　亀山氏の「拙著への再読メモ」に対する応答

種村　完司

（一）思想の「普遍性」理解をめぐって

前回の感想メモでも明らかなように、亀山氏は、思想の「普遍性」概念が一般に歴史貫通的妥当性と等置され、しかもこの概念でもって近現代思想が考える普遍性を押し付けてきた思想史・哲学史を反省して、「時代を超えた共感」と読み替える態度をとっている。この提案は私を含む多くの思想史研究者に強い内省を迫り、過去の思想解釈へのあるべき基本姿勢を浮き彫りにしている点で、私も共鳴し積極的な賛意を表した。

とはいえ、私は、亀山氏のいう「共感」を――この言葉のもつ感性的な響きに引きずられて――やや感覚的・心情的な性格の強いものとうけとっていた。だから、「時代に制約された倫理や価値観には収まりきらない個人や集団のすぐれた生き方、崇高な人間性のあり方、さらには人生や世界に対する新しい見方など」への共感だ、と自己流に捉えなおすにとどまった。

ところが、氏はすでに「共感」概念についてのより突っ込んだ思索を行なっていて、氏が呈示する「共感」は、もっと広く、かつ深いものだった。「時代を超えた共感を見すえて、思想家や哲学者は、共感の内実を思想的に言語化する使命がある」と。つまり「思想的言語化」「概念化」は排除されていない。むしろ分析や概括を包含する、思想や概念レベルでの共感こそ重要だ、という主張である。

こうした基本的な理解を土台として、二つのアプローチが紹介されたが、なるほどと私は納得できた。

一つは、過去の思想が現代の課題解決にどのような思想的ヒントを与えるのか、を理論化すること。二つ目は、過去の思想と現代の思想とが共有しうる普遍的な質（内実）を概念化すること。

だが、思想面での共感をやや軽く見ていた私は、氏のいう「時代を超えた共感」を葉隠解釈に即して受けとめようと試みた結果、山本常朝の倫理・価値観に対してではなく、彼の生き方・行動のあり方のうちにその範例を見いだした。より具体的には「一地方武士としての一途な誠実さ、ひたむきな目的志向性、頑固なまでの言行一致」のうちに。

それでも亀山氏は、私の共感理解を肯定的に（いわば寛大に）受けとめて、常朝に見られる人間性の範例（誠実さ・目的志向性・言行一致）を上記の第二の意味（アプローチ）に相当する、と位置づけてくれた。

今回、「再読メモ」で二つのアプローチを呈示してもらったおかげで、私自身の『葉隠』への共感について、改めて振り返る機会をえることができた。そして、上記の範例が亀山氏の言う第二の意味のうちに含まれるとすれば、私の葉隠解釈の中で、さらにそれに匹敵する思想や概念が他にはないだろうか、という問いに私は導かれた。

結論としては、私が『『葉隠』の研究』第十章で葉隠再評価として挙げた二つの論点がそれに該当する、ということに思い当たった。「死の覚悟」と「服従と自律の矛盾的統一」〔1〕である。現代を生きるわれわれの価値観とは基本的に相違するとはいえ、なお二つの異なる価値観のうちに収まりきらない、生きる意味・死ぬ意味・行動の意味――けっしてその全部ではなく、その一端ではあるが――を反省させ知らしめる力をもっているからである。『葉隠』が示す封建的な道徳や規範をそのまま現代に適用することは愚の骨頂でしかないが、生と死の問題、組織における個の主体性の問題に関しては、『葉隠』からなお学びうるもの（思想的ヒント）がある、と考えるからである。

註〔1〕この二論点の他に、私は「談合・熟談」の論理、「諫言」の思想も挙げた。現代の課題の解決に資するといえるほど重大な思想ではないが、組織内での個人の自律的言動のあり方を追求する上では、今日でも小さくない意義をもつ思想だと考えている。

「時代を超えた共感」（「思想の普遍性」と連動した）とは何かをめぐって、私もひきつづき考えていきたいと思う。亀山氏が示してくれた二つのアプローチは、大いに参考になる貴重な提案であるが、それらに尽きるのかどうかも含めて。「思想的言語化」の作業を強調しすぎると、その反面、例えば「自然美や芸術美とそれらの感性的表現」に対する共感などは、視野の外におかれてしまう心配がないかどうか、も。

（なお、よけいなお世話かもしれないが、「共感」概念は、私が陥ったように狭く理解されてしまう可能性があり、それを避けるために「時代を超えた心情的・思想的共感」と、言葉を補ったらどうだろうか）

（二）葉隠思想の現代的意義について

葉隠思想が現代でも意義をもちうるかどうかと問い、その観点から私なりに『葉隠』を再評価した二つの論点――「死の覚悟」と「服従と自律の矛盾的統一」――についていては、往復メールのやり取りをつうじて、私と亀山氏との間にかなり深い共通了解が成立したように思う。

前者の「死の覚悟」の中で示された三つ目の位相、「非人間的な極限状態の中で、その〈今の状況〉を死の価値と比較しつつ自己を見つめる位相」（亀山氏の定式化）は、とくに現代でも重要な意義をもつことが互いに確認された。この問題については、戦国武士や江戸期武士が自身の生き方の中で「死の覚悟」をどう表現し、どのように貫いたか、翻《ひるがえ》って20世紀の戦争の中で現代人が死の覚悟のこの位相をどう体験し、どのように乗り越えたか、またはどのように弾《はじ》き返されたか、を史実・史料に即して調べてみたい、同時に今後の私の思索のテーマにしてゆきたい、と考えている。

後者の「服従と自律」をめぐる問題でも、おかげで私は、当初予期した以上の新しい理論展開に導かれ、広くて多様な視野を獲得することができた。

亀山氏も注目しているように、封建的主従道徳を核とする『葉隠』にも、家臣からする主君への批判的眼《まな》差《ざ》し、しかるべき時と所における諫言や主君批判も存在したこと、にもかかわらずそれは対等な双務性ではなく、厳然たる上意下達的な枠組みの中での相対的「自律」の発揮にとどまっていること、これは否定しがたい事実であった。だからこそ、これだけ厳しい制約下での「自律」の遂行（およびその挫折）は、かえって現代でも起こりうる非人間的な組織や秩序内部での個人の自律的行為（が可能か否か）を考えるさいに、予想外の得がたい教訓となり参考となるだろう。

「服従と自律の矛盾的統一」の現代的意義という問題設定が、浄土真宗の中で論争になっている「念仏における個の主体性」という問題と重なっている、という氏の紹介は、私にとってことに興味深く、かつ有意義だった。

氏の説明を読むと、浄土真宗における服従の対象は、世間（ないし堪忍土）という絶対的限界状況である場合と、絶対的に帰依すべき阿弥陀仏である場合という、より複雑な様相を呈しており、その議論は、一見して門外漢《もんがいかん》にはなかなかわかりづらい。しかし、後者の場合に出来《しゅったい》しているように、弥陀への絶対的服従の中で、念仏者はどのように自らの主体性を発揮することができるのか、という問いかけは、文字通り『葉隠』の中での「服従と自律（主君や御家への絶対的服従と家臣の主体的自律的行為）」の矛盾と直接に響き合う疑問であり、かつ深刻な（だからこそ生き生きとした）矛盾的論理であることが十分に感得されうる。

『葉隠』では、主君ないし御家に対する絶対的服従をけっして否定せず、だからといって不承不承《ふしょうぶしょう》の服従ではなく、自発的自律的に服従を選びとることによって、矛盾の解決を図ろうとした、というのが私の解釈だった。（おのが力では変更できない）制度および構造を肯定し、その枠内で強固な意志的服従に徹する（そういう仕方で自己実現をめざす、「武士業の再定義」および「人生目的の再設定」を行なう）、という態度がそれである。

もちろん、それは近代の民主主義的倫理とは異質である（大枠の身分制倫理は絶対であり、個の批判的自律は部分的・相対的である）。だが、個人にとってまったき所与《しょよ》である特定の時代状況の中では、私はそういう態度を是認する、いや是認せざるをえない。

浄土真宗の教学界でも、「絶対的帰依（服従）を自発的に選ぶ主体性・自律性を言う論理」が主張されているとのこと。それは、私の葉隠解釈と重なり合う他分野での注目すべき思想的動向であると同時に、「服従と自律の矛盾的統一」論理が一定の普遍性（ないし現代的意義）をもっていることの証《あかし》であり、思いがけなくもそれを教示してもらえて心強い。

亀山氏は、仏教に係る上記の課題を前にして、「阿弥陀と念仏者との関係を、………コミュニケーション的関係として理解する」と（いうフレームの有効性を）述べているが、（浄土真宗の本質と真宗教学界の内情に不案内である）私としては、氏の新しい論の展開、思想的な解決を願いつつ待つしかない。一方私も、自発的自律的な絶対服従の論理が深刻な限界をもつことを認識した上で、それがどこまで可能か、また有効かについて、今後考えてゆこうと思っている。

（三）鈴木正三の思想に関して

『驢鞍橋《ろあんきょう》』『反故集《ほごしゅう》』などの鈴木正三の主要著作を読むことによって、私は、『葉隠』のキー概念たる「死の覚悟」が、正三の「死に習い」思想から大きな影響をうけていることを確信し、両者の思想的継承関係をより立ち入って明らかにしてみたいと思うようになった。尤も、『葉隠』の口述者山本常朝は、主君鍋島光茂の死去に伴って、切望していた追い腹が許されず、出家・隠棲《いんせい》の道を歩むしかなく、鍋島藩の行く末を案じながら（常朝のこの思いには激越なものがあった）、静かな出家者としての晩年を過ごすほかはなかった。仏教にたいする心情的な信仰・帰依はあったにせよ、正三のような「生の執着離脱」をめざす熱烈な仏道修行に身をゆだねることはなかった。

関ケ原の戦いや大阪冬の陣・夏の陣での戦闘体験を有する鈴木正三と比べれば、江戸中葉期に生きた文官的下級武士の山本常朝がいう「死の覚悟」は、どうしてもリアリティが薄弱で観念的だ、という評価を免れることは難しいように思われる。

鈴木正三が唱えた仏道の真髄は、泰平期の多くの仏教がその固有の使命を忘却して「衆生《しゅじょう》救済の大欲」を堅持・実行せぬことへの強い批判と、(心身不浄観にもとづく) おのが悪業《あくごう》煩悩との徹底した闘いのうちにあった、といいうる。彼のかかげる仏道修行は、人間の自然本性への苛烈な否定的態度として現われた。彼のこうした激しい性向と言動に直面して、私は当時の世間・庶民から乖離した過剰な禁欲主義的(時代錯誤的・本末転倒的傾向の濃厚な) 仏教ではないか、と評価した。

これに対して亀山氏は、「『葉隠』との比較で重要な視点は、「死に習い」がなんらかの仏道修行(ないし信仰の行為)とセットで勧められているのではないか」「武士の場合には座禅(果たし眼《まなこ》座禅、仁王禅、鯨波《ときのこえ》座禅)が中心で、農工商民・女性には念仏(一遍浄土教流)が中心だったと思われる」と。

私は自らの「浅読み」ないし早合点に気づいた。正三は、煩悩にまみれた心身を敵にしての激烈な仏道修行を民衆一般に要求しているのではなく、もっぱら成仏をめざして出家した仏道修行者に要求している。農工商の民衆には、その固有の家職《かしょく》の実践や事業への専心を通しての成仏を勧めたのである(「何の事業も皆仏行《ぶつぎょう》なり」説の敷衍化)。

この区別の意義はすこぶる重い。一般庶民とは別の次元で、出離・成仏を理想とする仏道修行者に彼がいかに期待していたかの現われであろう。それゆえ、主としてここだけに注目して彼の仏教を過剰な禁欲主義的仏教だと評したのは、行き過ぎだったように思う。〔2〕

註〔2〕尤も、この行き過ぎを認めた上で、なお私は正三の「心身不浄観」のうちに甚だしい人間的本性の矮小化《わいしょうか》傾向を指摘せざるをえない。たしかに水上勉が紹介しているように、『驢鞍橋』(下)の十三に、修行途上で大病に罹り、医者であった実の弟の勧めで肉食を試み、2年ほどかかって回復した、との記述がある。これを読んだとき、彼の実体験と「心身不浄観」との間の不連続に、私は絶句せざるをえなかった。こういう痛切な経験を経たのであれば、人間身体がいかに環境的自然に支えられた自然的存在であるか、の自覚が生成してもよかろうに、と思ったからだ。悪業煩悩を克服するために、修行にさいしてそれらの根源たる人間身体を敵視することはわからないでもないが、人間的生の起動力たる自然的生理的諸欲望（および基本的欲求の選択）の重要性の認識があれば、正三流の「心身不浄観」はもう少し合理的かつ穏当なものになるはずであろう。

もう一つの論点だった、正三における殺生罪悪感と戦闘的勇猛心の称揚との矛盾について、亀山氏は、関連文献を参照しいろいろ考察した上で、「正三の自覚としては、少なくとも主要な問題としては、戦国武士のリアリティの中に他者殺傷の罪悪感はなかった、その点では『葉隠』と同じだったと、とりあえずは訂正したい」という、知的誠実さにあふれた結論を示してくれた。

とはいえ、私自身は、そのあとに氏が付言しているように、「その上で、しつこくて恐縮だが、戦国武士が殺傷に罪悪感をもっていなかったとは、やはり想定しがたい」という氏の理解とほぼ同じ理解に立っている。私が指摘したかったのは、正三が殺生罪悪感をもっていないと断定することではなく、一方でその種の罪悪感を抱きつつも、他方で、修行者に向かって他者殺生を厭わない勇猛心の育成および発揮を求めた、という矛盾の存在である。ある意味では、勇猛心旺盛な修行者の養成という正三の使命感がそれほどに強烈だったともいいうる。だから、前回の応答文書では、「この種の罪悪感に言及することをきわめて抑制しているようにも見える」とか、「戦いの中で感じざるをえなかった後悔、自責、罪悪などの否定的な感情・観念に拘泥することは、武士の使命を達成する上で、大きな障害になるとの認識があったのかもしれない」という風に、むしろ正三を部分的に擁護する感想的コメントを述べた。

生死を賭《と》した戦闘と他者殺傷が日常化していた中世武士や戦国武士にあっては、殺傷＝罪悪感は彼らの身に沁みこんだリアルな情念であり、不思議でもなんでもない当たり前の現実であった、と私も考えている。中・近世の日本歴史に即して亀山氏が多くの具体例を挙げている通りである。

実は私も、30年以上前に執筆した「薩摩藩における儒教倫理と士道」という論文で、島津中興の祖といわれる島津忠良《ただよし》（日新公）が、薩摩の地で島津家以外の有力武将とのあいつぐ激烈な武闘・紛争をつうじて、領国内での覇権を確立していく歴史的経緯を研究し論述したことがあった。仏教への信仰心の厚かった島津忠良は、戦のあと、敵味方の区別なく死者を丁重にとむらった事実を歴史書が伝えている。1526（大永6）年の帖佐《ちょうさ》城攻略のあとの供養、1539（天文8）年の加世田《かせだ》城陥落のあとの六地蔵塔の建立などが、とくに名高い。

こうした事実をふまえて、当時の私はこう書いた。「一般に、戦闘のために訓育・養成された武士は、自らの外部に成立していた利他的なイデオロギーと接触することがなければ、粗暴な闘争人に終始したであろう。しかし、仏教の慈悲と儒教の仁を受容し内面化することによって、いわゆる「武士の深情け」を自らの信条となしえた。過酷な戦闘の中では生きるも死ぬも天理の命ずるままであり、それゆえにこそ、はげしく切り結んで殺害した敵の死骸が、同時に明日のわが身であるかもしれぬという感慨、それは、宗教的情感の助けをえて、死者へのかぎりない憐憫《れんびん》となった。この面でも、忠良は、慈悲心と惻隠《そくいん》の情の深さにおいて典型的な武将であったことは否定できない」と。

文中では、戦士的武士の内面を私なりに洞察して「武士の深情け」や「死者へのかぎりない憐憫」という言葉を用いたが、今や私は、それらに「他者殺傷の罪悪感」なる言葉を付け加えるべきであろう。戦死者のための供養や六地蔵塔の建立という行為のうちには、まぎれもなく憐憫以上の（そして憐憫のその奥底に）、深甚《しんじん》なる殺生罪悪感があったことを見てとることができると思う。

私からの、正三思想の矛盾をめぐる疑問の提起をうけて、亀山氏は、私が恐縮するほど真摯な思索をつづけ、「もし鈴木正三の著述に殺生罪悪の自覚やその主題化がないとしたら、彼はどこかで殺生罪悪感を超える経験・思想的装置を持っていたのではないか」「殺生罪を超える浄土教的立場を体得していたのかもしれない」と述べている。彼の予想には十分な妥当性が感じられるし、その可能性が大いにあると私も思う。氏はひきつづき、正三が通仏教的な殺生罪悪論をどうクリアしていたかを検討課題とすると語っているので、その成果を期待したい。

最後になるが、氏の「再読メモ」の中で言及されなかった問題として、殺生罪悪(感)は心身不浄(観)とは異質な原理ではないか、という私の疑問がある。悪業・煩悩の基体としての心身（→心身不浄）観は、仏教では一般に人間の本性悪ないし根源苦と結びつけられているが、殺生罪悪感は、他者殺傷を生業《なりわい》とせざるをえない武士の使命・本業から生ずる社会的な悪（ないし苦）であり、自然必然的な悪業・煩悩とはいえない、と考えるからである。他者殺傷から生じる罪の意識・観念は、むしろ人間性が含む優しさ、崇高さの表われとさえいいうるのではなかろうか。この問題についても、機会があれば、いつか亀山氏と意見を交わしてみたい。

【種村による追記】

われわれ2人による往復書簡は、このあとも続けられた。本論の最後に記した、「殺生罪悪(感)」と「心身不浄(観)」との違いや関係をめぐって、亀山氏から詳細かつ誠実な回答が私(種村)に届き、その説明のおかげで、私は、仏教に対する誤解や浅薄な理解を正してもらうことができた。

また、今回の応答文の中で、私は、『葉隠』に影響を与えた鈴木正三の思想のうちに、戦闘的な勇猛心はあるが、殺生罪悪感が見られないこと(このことは『葉隠』にも山本常朝にも当てはまる)をとりあげ、その疑義(および理由)を亀山氏に投げかけた。

これについては、亀山氏から、「宿題としたい」との応答があり、やや時を経て(一年後)氏は、「中世仏教における戦闘殺傷肯定の論理」(『近現代日本と思想の課題』[文理閣]所収)という論文を執筆して公表した。武士の殺生罪悪感、仏教の不殺生戒と戦闘殺傷の正当化などの問題を考える上で、たいへん示唆の多い価値ある論述内容である。参考までに、この論文の主旨(種村による要約)をここに記載させていただく。

『生き物殺傷の禁止は仏教の第一戒律であり、中世仏教でも戦闘殺傷を生業《なりわい》とする武士は堕地獄必定《ひつじょう》の大罪悪人であった。しかし中世の浄土教は、この大罪悪を懺悔《ざんげ》するなら悪人も往生可能だと説いた。とはいえ、当時の説話の中に武勇の称賛、殺傷の鼓舞が多かったことを見れば、武士による戦闘殺傷を積極的に肯定する仏教論理があったと考えられる。

たとえば、鎌倉期の「法然上人絵伝」の説話には、戦闘殺傷の生業を断念せず、在家のまま臨終念仏で往生する、という話がある。それは、武士の生の矛盾のとりあえずの解決策であった。また戦死者にたいする追善供養(=「滅罪生善」仏事)の奨励によって、在家のまま死ぬまで戦闘殺傷の生業にはげむ道が武士に開かれた。だがそれは、第一重罪の殺生罪を大前提とする点ではなお、消極的肯定にとどまっており、しかも滅罪生善の行には際限がなかった。

この難点を解消する仏教論理が異端派の法然・親鸞の悪人正機説《しょうきせつ》であった。法然はなお、臨終念仏往生を説いたが、親鸞は死に方とは関係なく日常念仏で往生が確実だと強調した。それゆえ法然・親鸞浄土教は、堕地獄の恐怖に呪縛されていた武士や民衆に支持された。

こうした仏教による戦闘殺傷の容認の論理とならんで、中世社会には、仏敵討伐の論理と王法仏法相依論との結合にもとづく、朝廷内外の敵討伐のための武士の戦いは仏法を守る（＝法戦）という考え方があった。武士は、日常的な戦闘殺傷を含め自己の正当性を直接に仏法守護善神・垂迹《すいじゃく》の神仏の託宣《たくせん》に求めることとなった。その中で最も注目されるのが八幡信仰である。

八幡大菩薩が軍神菩薩であることによって、武士の公的な戦闘殺傷は、堕地獄の殺生罪の業などではなく、逆に、八幡大菩薩の衆生救済の仏道の一環、ひいては武士自身の仏道実践となる。八幡大菩薩による戦闘殺傷の肯定論理は、基本的には中世仏教全体に共通したものとなった。

不殺生をかかげる仏教思想は、民衆の平和願望に応えた一面をもっているが、他面では、中世社会の現実にあって、まぎれもなく戦闘殺傷を積極的に肯定する論理を提供し、平和思想を空洞化させてきたことも看過できない。』

それにしても、本稿より後の往復書簡は、2人の主な議論対象である『葉隠』と直接に関係した内容ではないので、今回の往復書簡からは割愛することにした。ご了解いただきたい。

あとがき

この「あとがき」では、参考までに、本書の成り立ちと刊行までの経緯について、その概略を記しておきたい。

前著『『葉隠』の研究―思想の分析、評価と批判―』刊行後、佐賀県小城市で開催された「葉隠の現在、そして未来へ」と題するシンポジウム（まちづくり小城と小城商工会議所の共催）の一環として、私は主催者から依頼され、基調講演をおこなった。当日、小城市民や佐賀市民の多くの方々が熱心に聴講してくださった。

それがきっかけで、佐賀の民間研究団体「葉隠研究会」のメンバーの方々と親しくなり、研究会にも入会し、定期的に発行されてきた研究誌『葉隠研究』への投稿を、私もそのつど要請されるようになった。今回刊行される本書『葉隠の深層』は、この研究誌『葉隠研究』に掲載された私の論稿をまとめあげ、首尾一貫性に意をはらいつつ編纂し直したものである。

本書の前半部を成している「家老・年寄役の思想と言行」（原題は「家老・年寄役の使命と矜持（その一）―（その四）」は『葉隠研究』第88号から第91号に掲載された諸論稿をもとにしている。本書の後半部の土台となっている「『葉隠』の中のコミュニケーション思想（その一）―（その三）」は、『葉隠研究』第92号から第94号に掲載された諸論稿とほぼ同じものである。

小論「『葉隠』の中の人間主義倫理」は、私の大学教員時代の教え子にあたる川野宏平氏(編集委員)から、学術研究誌『日本語・日本研究』(櫂歌書房)への寄稿を求められて、執筆したものである。「『葉隠』の中のコミュニケーション思想」というテーマの延長上にあり、その課題に含めうる内容であるため、本書の第三章として位置づけることとした。

最後におかれている「『葉隠』をどう読むか」という論稿は、その箇所の「はじめに」にも記したように、拙著『『葉隠』の研究』を熟読し、きびしくも温かい批評を送ってくれた、畏友・亀山純生氏と私(種村)との往復書簡である。手紙のやり取りのおかげで、予期しないあらたな視点を獲得でき、自らの葉隠理解の再吟味やいっそうの深化も可能になった。亀山氏には、感謝の言葉しかない。ところが、その彼は、昨年10月、重い病で急逝した。享年76歳だった。悲しいかな、もう二度と意見交流がかなわないことになった。残念でしかたがない。本書出版の暁には、彼の墓前に献呈させてもらうつもりである。

10月30日　　著者　記す

〔参考（二）〕

『葉隠』系図

「日本思想大系」26『三河物語　葉隠』付録系図より転載。
＊は養子関係で、同一人が重出していることを示す。

竜造寺系図

- 隠岐守 竜造寺康家
  - 豊前守 胤家
    - 伯耆守 盛家
      - 高木能登守 鑑房 ― 左馬大輔 盛房
      - 満家
      - 日向守 家重
        - 刑部大輔 信秀
        - 右馬大輔 信門 ― 小山平五左衛門 茂成
    - 右京亮 胤直 ― 播磨守 家親
      - 豊後守 信親
        - 藤井覚右衛門 茂親
        - 薬山二助 家氏
      - 式部大輔 家俊
      - 美作守 信明
  - 【村中竜造寺】隠岐守 家和
    - 刑部大輔 胤和 ― 隆信の母 慶誾妙意
    - 大和守 胤久
      - 豊前守 胤栄
      - 新五郎 胤明
    - 左馬助 胤門
  - 【水ケ江竜造寺】慶雲院剛忠 山城守 家兼
    - 円蔵院 豊後守 家純
      - 桃源院 直茂の母 華渓
      - 六郎次郎 周家
        - 泰巌宗竜 山城守 隆信
          - 肥前守 政家
            - 桃源院 お安
            - 駿河守 高房 ― 伯庵
            - 【久保田村田家祖】八介 安良 ― 伊平太 氏久 ― 隠岐守 政利 ― ＊隠岐守 政盛
            - 清光院
      - 孫三郎 純家
      - 孫八郎 頼純

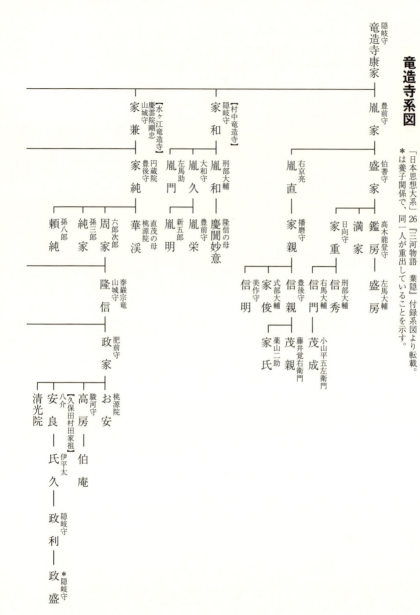

- 澄覚（万寿寺住持 天亨）
- 家門（和泉守）
  - 家泰（三郎）
  - 鑑兼（左衛門佐）—家晴（上総介【諫早家祖】）—直孝（石見守）—茂敬（豊前守）
    - 茂真（水月院 豊前守）
      - 茂門（豊前守）
      - 茂元（豊前守）—茂晴（豊前守）
    - 茂陛（独幽）
  - 宗珍
- 家種（江上武種の養子）
  - 茂義（佐野右京亮）
  - 勝種（勝山大蔵）
- 家信（後藤伯耆守【武雄鍋島家祖】）—茂綱（若狭守）
  - 茂和（相模守）—茂紀（若狭守）—茂正（能登守）
  - 茂明（民部）
- 信周（安房守【須古鍋島家祖】）
  - 信明（下総守）—茂周（因幡守）—正辰（伯耆守）—茂俊（阿波守）—茂清（市兵衛）
  - 正純（八兵衛）
  - 長昭（納富市佑）
    - 茂貞（*意安）
    - 正純（道円 監物）
      - 九左衛門—斎
      - 盛常（十右衛門）—命清（庄兵衛）
    - 通宣（嬉野十左衛門）
- 長信（和泉守【多久家祖】）—安順（天叟 長門守）—茂富（図書頭）
  - 茂辰（美作守）
    - 茂矩（元山 長門守）—茂文（*伊豆守）
    - 安胤（兵庫）
    - 安英（縫殿）
    - 安輝（民部）
  - 長昌（小田蔵人）

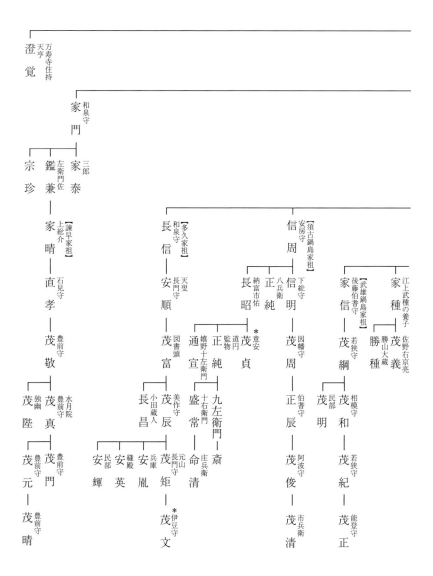

鍋島系図

右肩の数字は佐賀藩主の代数を表わす。

- 鍋島経房（良本 治部大輔）
  - 清久（利叟・道済 平右衛門）
    - 清泰（左近将監）
      - 清虎（周防守）
        - 為俊（肥前守）
      - 信定（伊豆守）
        - 種巻（新左衛門）【姉川鍋島家祖】
          - 茂貞（九郎兵衛）
            - 茂為（九郎兵衛）
              - 貞清（勘左衛門）
          - 茂利（舎人助）
            - 種世（普周 内記）
              - 種之（左太夫）
                - 種良（内蔵之助）
              - 宗正（佐川与兵衛）
            - 信渓（深江平兵衛）
            - 真章（深江助右衛門）
          - 守時（孫左衛門）
            - 伝右衛門
        - 道虎（生三 伊賀守）
    - 清房（剛意 駿河守）
      - 房義（信房 豊前守）【神代鍋島家祖】
        - 茂昌（弥平左衛門）
          - 茂貞（*意安 隼人佐）
            - 嵩就（一雲 弥平左衛門）
              - 茂樹（弥平左衛門）
              - 茂英（弥平左衛門）
              - 清（十太夫）
                - 昭（十太夫）
            - 虎顕（脱空 安達権之助）
        - 茂治（助右衛門）
          - 織部
            - 真成（源右衛門）
          - 孝以（蒲原善左衛門）
            - 孝常（権太夫）
              - 源太左衛門（松崎）
            - 孝好（次右衛門）
              - 孝白（次右衛門）
          - 貞恒（又兵衛）
      - 賢誉
      - 直茂（日峯 加賀守）【佐賀藩祖】
        - 千鶴（徳寿院）
        - 伊勢竜姫（天林妙清）
        - 彦菊（長寿院）
        - 勝茂[1]（泰盛院 信濃守）
          - 元茂（月堂 紀伊守）【小城藩祖】
            - 直能（加賀守）
              - 元武（紀伊守）
                - 元延（加賀守）
                - 直英（加賀守）
            - 直朗（*禅海院 主水）
          - お市（伝高院）

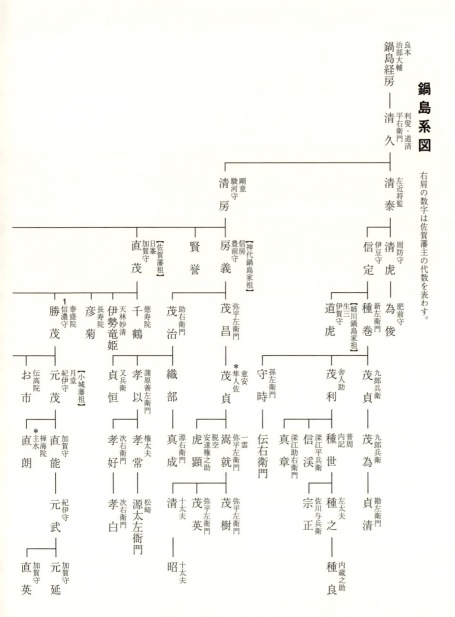

- 康房（竜造寺下総守）

- お鶴（天性院）
- 忠直（興国院　肥前守）
  - 2 光茂（乗輪院　丹後守）
    - お仙（緑樹院）
    - 3 綱茂（玄梁院　信濃守）
    - お岩（柔軟院）
    - お春（槐巌院）
    - お初（寿量院）
    - 4 吉茂（法性院　*丹後守　神代弾正直利）
    - 茂文（*多久伊豆守）
    - お金（円明院）
    - 政盛（*村田隠岐守）
    - 茂長（太田禅右衛門　*内匠長利）
    - 左内（夭折）
    - 5 宗茂（海量院　*信濃守　神代主膳直堅）
      - 6 宗教（丹後守）
    - 茂喬（周防守）
    - 直方（*神代対馬守）
- 直澄（【蓮池藩祖】　義峯　甲斐守）
  - 直守（右近）
  - 直之（了関　摂津守）
  - 直称（甲斐守）
- お亀

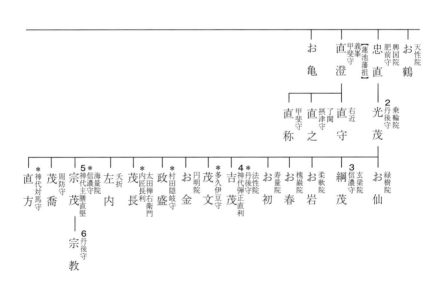

（清　房）
- 信俊　小川武蔵守
  - 家良　神代大炊助

（直　茂）
- 忠茂　【餅木鍋島家祖】和泉守
  - 正茂　孫平太
    - 正恭　帯刀
      - 直旨　帯刀
        - 長利　*内匠
  - 茂久　佐野右衛門佐
  - 正儀　雅楽助
    - 正慶　善兵衛
      - 政成　藤兵衛
- 茂里　【横岳鍋島家 直茂の婿養子】日妙 主水
  - 茂宗　淡路守
    - 武興　睡雲 主水
      - 直朗　*主水
        - 茂清　主水
- 茂賢　【深堀鍋島家】安芸守
  - 茂里　志摩守
    - 茂春　寿峯 志摩守
      - 茂明　安芸守
      - 茂久　志摩守
        - 茂厚　七左衛門
  - 直賢　主馬允
    - 正庸　深堀新左衛門
    - 元久　深江二左衛門
  - 長賢　深堀頼母
  - 茂紹　掃部助

（勝　茂）
- 直弘　【白石鍋島家祖】盛徳院 山城守
  - 直堯　大和守
    - 直愈　左京
- 直朝　【鹿島藩祖】紹竜 和泉守
  - 直条　備前守
    - 直堅　和泉守
  - 朝清　式部
- お長　永春院
- 直長　観性 神代左京
  - 直利　*弾正、後に吉茂
    - 直堅　*主膳、後に宗茂
      - 直方　*対馬守
  - 茂真　【鳥栖村田鍋島家祖】飛騨守
    - 茂建　備前守

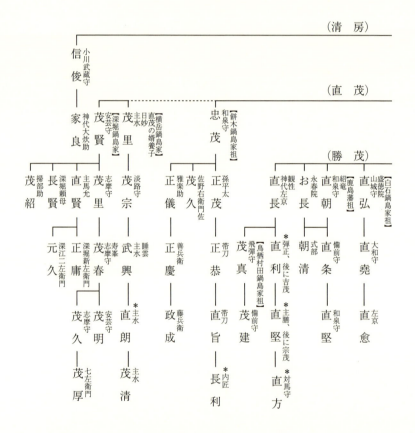

中野・山本系図

- 中野秀明（石見守）
  - 忠明（右衛門助）
    - 清明（式部少輔 神右衛門）
      - 茂利（養子、水町茂成の次男 内匠）
        - 政利（加判家老 兵右衛門・数馬）
          - 利明（加判家老 数馬）
            - 幸明（数馬・是水）
            - 貞起（数馬・休夢）
              - 寛明（忠兵衛）
          - 宗明（平右衛門）
            - 就明（御側役頭 神右衛門）
            - 澄明（＊市左衛門・十右衛門）
          - 貞明（近右衛門）
      - 正守（将監）
        - 正邦（主馬）
          - 正包（年寄役、元禄二年切腹 将監）
          - 澄明（＊市左衛門・十右衛門）
            - 安明（＊源四郎）
      - 重澄（山本神右衛門 孝白善忠）
        - 武弘（吉左衛門）
          - 常治（貞享四年切腹 五郎左衛門）
            - 種明（権右衛門）
          - 潜竜
        - 常朝（神右衛門）
          - 常俊（吉三郎・権之允）
            - 常皎（神右衛門）
      - 貞政（小城藩家老 村川伝右衛門）
      - 正利（大学）
        - 長明（嘉左衛門）
          - 政安（源右衛門）
      - 正弘（権右衛門）
        - 弘明（近右衛門）
      - 政良（足軽組頭 又兵衛）
        - 政良（十郎兵衛）
        - 平左衛門（天和二年切腹 沢辺平左衛門）
        - 休助（天和二年切腹）

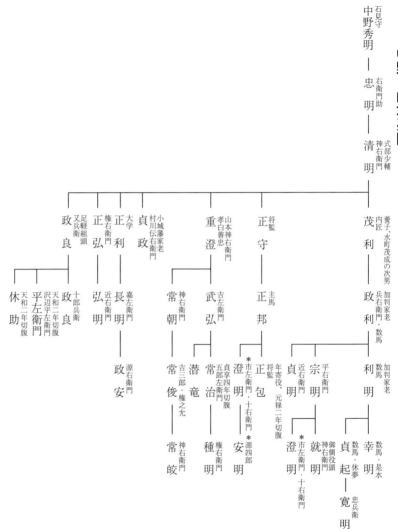

〔参考（二）〕

勝茂、光茂、綱茂、吉茂各藩主時代の加判家老・年寄役衆は、葉隠聞書によれば以下の者たちであった。

御代々加判御家老衆

勝茂公御代　鍋島安芸（茂賢）　鍋島玄蕃　中野数馬（政利）　久納市右衛門
光茂公御代　鍋島弥平左衛門　相良求馬　生野織部　太田弾右衛門
　　　　　　中野数馬（利明）　原田吉右衛門
綱茂公御代　鍋島志摩（茂里）　成富九郎兵衛
吉茂公御代　鍋島若狭　鍋島帯刀　大木兵部　鍋島市正

［聞書六・１２４］

御代々御年寄役

勝茂公御代　久納市右衛門　勝屋勘右衛門　関将監　中野内匠
　　　　　　鍋島式部　中野数馬（政利）　中野杢之助

忠直公御側　　成富五郎兵衛　鍋島右近
光茂公御代　　馬渡市之丞　副島五左衛門　中野数馬（政利）　小川舎人（利清）
　　　　　　　鍋島弥平左衛門　大木前兵部　岡部宮内　相良求馬
　　　　　　　生野織部　山崎蔵人　木下五兵衛　小川舎人（俊方）
　　　　　　　中野将監　馬場勝右衛門　土肥進士之允　副島五左衛門
　　　　　　　中野善太夫　江副彦次郎
綱茂公御代　　岩村内蔵之助　鍋島内記　中野数馬（利明）　生野織部
　　　　　　　石井修理　深堀新左衛門（正庸）　原田吉右衛門　鹿江伊左衛門
　　　　　　　鍋島正兵衛　武藤主馬　丹羽蔵人　副島五太夫
　　　　　　　大木八右衛門　本告七郎兵衛　中野数馬（幸明）　石井伝右衛門
吉茂公御代　　副島五太夫　大木八右衛門　深江六左衛門　生野織部
　　　　　　　石田平左衛門　石井修理　小川舎人（俊方）　下村八兵衛
　　　　　　　諸岡彦右衛門　池田弥市左衛門　中野数馬（貞起）　江副忠兵衛
　　　　　　　安達藤左衛門　竹田文右衛門　牟田権左衛門　下村安右衛門
［聞書六・125］

著者略歴

種村完司［たねむらかんじ］
（1946－）　名古屋市生まれ。京都大学（文学部）・大学院を経て、鹿児島大学教授、副学長、鹿児島県立短期大学学長を歴任。専門は哲学・倫理学・日本思想。博士。

主な著書

『知覚のリアリズム　―現象主義・相対主義を超えて―』（勁草書房）
『心―身のリアリズム』（青木書店）
『コミュニケーションと関係の倫理』（青木書店）
『『葉隠』の研究　―思想の分析、評価と批判―』（九州大学出版会）

葉隠の深層
―続・『『葉隠』の研究』―

発行日　令和６年11月10日

著　　者　**種村　完司**
発　　行　佐賀新聞社
製作販売　佐賀新聞プランニング
〒840-0815　佐賀市天神3-2-23
電話　0952-28-2152（編集部）

印　　刷　佐賀印刷社